Prag

...

Ein Führer zur Architektur des 20. Jahrhunderts

Prag

Ivan Margolius
Fotos von Keith Collie

Ein Führer zur Architektur des 20. Jahrhunderts

• • • ellipsis KÖNEMANN

Für Amanda und Theo

EDITOR Ellipsis London Limited
55, Charlotte Road
London EC2A 3QT

DISTRIBUTION U.K. and Africa: Ellipsis London Limited

SERIES EDITOR Tom Neville
DESIGN Jonathan Moberly
LAYOUT Pauline Harrison

© 1996 Könemann Verlagsgesellschaft mbH
Bonner Straße 126
D-50968 Köln

DEUTSCHE ÜBERSETZUNG
Ute Mey, Sebastian Viebahn
REDAKTION UND SATZ
pno/Ulrike Sommer, Berlin
HERSTELLUNGSLEITER Detlev Schaper
DRUCK UND BINDUNG
Sing Cheong Printing Ltd.
Printed in Hong Kong
ISBN 3-89508-274-0

Ivan Margolius 1996

Inhaltsverzeichnis

Einleitung

Prag zu beschreiben und dabei auf Superlative zu verzichten fällt schwer. Zum einen ist es sicher eine überraschend beeindruckende Hauptstadt und verlangt Besuchern, die sich nichts entgehen lassen wollen, ständige Aufmerksamkeit ab. Gleichzeitig ist ein Pragbesuch aber auch äußerst entspannend, weil die Stadt mit ihrer städtebaulichen Anordnung, ihren Gebäuden, Straßen, Plätzen, Parks und der Lage in einem weiten Flußtal menschengerechte Dimensionen hat, die sie gemütlich, vertraut und einladend machen. Das hohe architektonische Niveau trägt erheblich zur Entstehung dieses Gesamteindrucks bei.

Bauwerke verschiedenster architektonischer Stile und Epochen sind wie als Theaterkulisse angeordnet. Kleinere Gebäude stehen vor großen, breite und schlichte drängen sich zwischen schmale und prachtvolle, und moderne, kantige Gebäude mischen sich unter die weichen Formen der Fassaden aus Barock oder Sezession, so daß eine zusammengewürfelte, aber begreifbare Harmonie zwischen Raum und Form entsteht. Die Silhouetten der Türme und Kirchturmspitzen kontrastieren mit dem Auf und Ab der rotgedeckten Dächer im Hintergrund. Im Winter vermischt sich der Rauch der Braunkohleöfen (Umweltpolitik setzt sich erst allmählich durch) mit Nebelschwaden und zieht durch die engen Gassen. Nachts gewinnt Prag eine weitere Dimension, wenn besondere Architekturdetails angestrahlt werden und sich von der Dunkelheit abheben.

Dieser Stadtführer soll bei der Erkundung der Prager Architektur des 20. Jahrhunderts mit ihren über 1500 bemerkenswerten Gebäuden helfen, zu denen Werke von Adolf Loos, Jože Plečnik, Bruno Paul und Mart Stam zählen. Für Prag gilt wie für jede andere Stadt, daß das Wissen um seine geschichtliche Entwicklung zum Verständnis seiner Komplexität, seines Wesens und der Gründe seines Wachstums im Laufe der Jahre wichtig ist. Daher sollen hier zunächst die Hauptentwicklungsphasen der Stadt beschrieben werden.

Prag, der natürliche Mittelpunkt des europäischen Kontinents, entstand an dem Ort, an dem sich früher die Handelsstraßen kreuzten. Die Prager Burg wurde zwi-

schen 880 und 890 auf einer Anhöhe über der Moldau als ständiger Sitz für das
böhmische Herrschergeschlecht, die Přemysliden, errichtet. Kirche und Klostergebäude wurden innerhalb der Burgmauern erbaut; zu ihren Füßen, am Flußufer, begann sich eine Stadt zu bilden. Das städtische Geschehen konzentrierte sich auf den Markt in der Stadtmitte, der auf dem heutigen Staroměstské náměstí (Altstädter Ring) abgehalten wurde. Staré Město (Altstadt) wurde zu Beginn des 13. Jahrhunderts befestigt, und 1257 gründete man am linken Ufer unterhalb der Burg offiziell Malá Strana (Kleinseite).

Karl IV., Kaiser des Heiligen Römischen Reichs Deutscher Nation, ließ sich zwischen 1346 und 1378 in Prag nieder und nahm starken Einfluß auf die Entwicklung der Stadt. 1348 gründete er die Prager Universität und die Nové Město (Neustadt). Mit dem Bau der Karlsbrücke über die Moldau begann man 1357; 1344 wurde die Arbeit am Wahrzeichen der Stadt, dem St.-Veits-Dom, aufgenommen, der die frühere spätromanische Basilika ersetzte.

Zu Beginn des 15. Jahrhunderts predigte Jan Hus, ein von den Schriften des Engländers John Wycliffe beeinflußter tschechischer Reformator, in der Bethlehemskapelle gegen die Unmoral und Sittenlosigkeit des Klerus und ermutigte zum Gebrauch des tschechischen anstatt der lateinischen Sprache in Kirchengebeten. Seine Äußerungen waren der Anlaß für bewaffnete Konflikte zwischen deutschen und tschechischen Anhängern des Papstes auf der einen und den reformerischen Hussiten auf der anderen Seite.

1526 ging die tschechische Krone an die österreichische Linie der Habsburger über. Die darauf folgenden Aufstände kosteten die Prager Bürger ihre politische Unabhängigkeit und führten zur Unterdrückung der tschechischen Sprache und Kultur. 1618 kam es zum berühmten Prager Fenstersturz, als aufgebrachte protestantische Adlige zwei katholische Ratsherren aus den Fenstern der Prager Burg in den Burggraben warfen. Niemand wurde ernstlich verletzt, doch der Zwischenfall gab den Ausschlag zum Ausbruch des Dreißigjährigen Krieges. Nach der Schlacht auf dem Bílá Hora (Weißer Berg) bei Prag 1620, die mit der Niederlage des tschechisch-protestantischen Adels gegen die österreichischen Katholiken unter Ferdinand II. endete, verschlechterte sich die Situation weiter, und viele Tschechen verließen das Land. Unter ihnen befanden sich wichtige Persönlichkeiten und Künstler wie Johann Amos Comenius und Wenzel Hollar. Der Kaiser verlegte seinen Hof und die Verwaltung nach Wien, und Prag verlor seine herausragende politische Bedeutung. Dennoch bemühten sich die Prager zusammen mit einer Reihe ausländischer Künstler und Architekten, die sich unter dem Patronat der Habsburger dort niederließen, um die Fortentwicklung und Vergrößerung der Stadt, vor allem nach der Feuersbrunst von 1689. In diese Zeit fällt der Bau der barocken Kirchen und Paläste sowie der Festungsanlagen der Stadt. 1784 wurden die vier damals unabhängigen Städte Staré Město (Altstadt), Nové Město (Neustadt), Malá Strana (Kleinseite) und Hradčany (Hradschin) offiziell zusammengeschlossen und bilden seitdem eine städtische Einheit.

Bei den Gemeindewahlen von 1861 setzten sich die tschechischen Parteien gegen die österreichische Opposition durch und etablierten sich wieder als stärkste Kraft in ihrer Stadt. Diese Veränderung ermöglichte es tschechischen Künstlern und Angehörigen anderer Berufsgruppen, in Prag zu bauen und die Stadt aus ihrem provinziellen Dasein zu einer großen europäischen Metropole zu erheben. Sie begannen mit der Planung und Ausführung von Bauvorhaben, die die tschechische Kultur und den tschechischen Geist wiederbeleben sollten, wie dem Nationaltheater, dem Nationalmuseum, dem Haus der Künstler (Rudolfinum) und der Tschechischen Technischen Universität. Es wurden auch städtebauliche Auflagen festgelegt; das Baugesetz von 1886 setzte die maximale Gebäudehöhe auf „sechs Viertel" der Straßenbreite mit einer Beschränkung auf fünf Stockwerke fest. Über die wesentlichen stadtplanerischen Fragen entschied die 1896 gegründete Kunst-Kommission in Zusammenarbeit mit dem Prager Stadtrat. Zur Entscheidung über die wichtigsten Vorhaben wurden Wettbewerbe ausgeschrieben, so beispielsweise für die Elendsviertelsanierung in Staré Město, die Verkehrsverbindung zwischen dem Letná-Plateau und Staré Město sowie für die Stadterneuerung in Nové Město.

Mit Beginn des 20. Jahrhunderts erhielten neue Stilrichtungen – angefangen beim Jugendstil bzw. dessen tschechischer Form, der Sezession – Einfluß auf Kunst und Architektur in Böhmen, denn Prager Künstler sammelten auf Auslandsreisen wichtige Anregungen und zeigten die Ergebnisse ihrer Studien auf Ausstellungen in ihrer Stadt. Im Sommer 1902 organisierte Mánes, ein bedeutender Künstlerkreis, eine Ausstellung mit Skulpturen von Auguste Rodin und zeigte im Jahr 1905 Bilder von Edward Munch. Diese beiden Ereignisse übten einen gewaltigen Einfluß auf die nachfolgende Entwicklung der tschechischen modernen Kunst aus.

Die tschechischen Architekten ließen sich zwar von der Kultur des Auslands inspirieren, strebten aber auch die Entwicklung eines originären Stils an. Nach der Sezessionsbewegung entfalteten sich modernistische Tendenzen, die den Einfluß von Hendrik Petrus Berlage und Frank Lloyd Wright spüren ließen. Als in Frankreich die kubistische Malerei aufkam, übertrugen die Tschechen diesen Stil auf die Architektur und schufen – vor allem in Prag – einzigartige kubistische Gebäude.

Nach dem Zerfall des österreichisch-ungarischen Reiches in der Folge des Ersten Weltkriegs wurde 1918 die Republik Tschechoslowakei ausgerufen. Zunächst übte noch der Kubismus zusammen mit nationalistischen Folkloretendenzen für eine kurze Zeit Einfluß auf das bauliche Schaffen aus, bis in den 20er und 30er Jahren die aus Frankreich und Deutschland kommenden neuen Anregungen dominierender wurden. 1920 wurde die avantgardistische Bewegung Devětsil gegründet, die eine nachhaltige Wirkung auf die zeitgenössische Künstlerszene ausübte. Devětsil wurde zur Plattform des funktionalen Modernismus und bereitete neuen Strömungen in Architektur, Design, Fotografie, Film, Literatur und Musik den Weg.

Viele der in Prag errichteten bahnbrechenden Bauwerke wurden in internationalen Publikationen abgebildet und regten ausländische Künster zu Pragreisen an. Schriftsteller und Architekten wie André Breton, Adolf Loos, Mart Stam, Henry van de Velde, F. R. S. Yorke, Frank Yerbury und Le Corbusier erkannten schon zu Beginn ihrer Laufbahn, daß Prag ein idealer Treffpunkt für Bewunderer und Studenten der modernen Kunst und Architektur war, und ermutigten andere dazu, die Stadt zu besuchen. So hielten Berlage, Raymond Unwin, J. J. P. Oud, Walter Gropius, Amédée Ozenfant, Theo van Doesburg, André Lurçat und Hannes Meyer Vorträge; manche besuchten auch andere tschechische Städte und erhielten mancherorts tatsächlich die Gelegenheit zur praktischen Umsetzung ihrer Theorien. So steht in Brno (Brünn) Mies van der Rohes Villa Tugendhat, Erich Mendelsohns Bachner Kaufhaus wurde in Ostrava (Ostrau) erbaut. Adolf Loos' Villa Müller und Villa Winternitz sowie Mart Stams Villa Palička stehen in Prag. Jože Plečnik war an der Renovierung der Prager Burg beteiligt und baute die Herz-Jesu-Kirche in Prag. Peter Behrens, J. J. P. Oud, Le Corbusier, Marcel Breuer und Johannes Duiker beteiligten sich an verschiedenen Wettbewerben und nicht realisierten Projekten.

Das Münchner Abkommen von 1938 besiegelte das Schicksal der Tschechoslowakei. Böhmen und Mähren wurden während des Zweiten Weltkriegs von den Deutschen besetzt, und die Slowakei wurde ein unabhängiger, faschistischer Staat. Nach dem Krieg ergriff 1948 die Kommunistische Partei die Macht. Das darauf folgende repressive Regime schnitt die Kontakte zur westlichen Welt ab, und die technologische und kulturelle Entwicklung kam nur allmählich voran. Die Kreativität in der Architektur litt nicht nur unter der erzwungenen Anpassung an den sowjetisch bestimmten Sozialistischen Realismus, sondern auch unter fehlenden privaten Investitionen und der starren, zentral gelenkten Wirtschaftsstruktur. Typische Produkte dieser Zeit sind das Hotel International (František Jeřábek, 1952-1956) in der Koulova-Straße und das Hotel Jalta (Antonín Tenzer, 1945-1955) am Wenzelsplatz. Dubčeks „Sozialismus mit menschlichem Antlitz" hatte nur acht Monate Bestand und kaum Auswirkungen auf die Entwicklung der Architektur. Nach dem Einmarsch der sowjetischen Truppen am 21. August 1968 verlor die Tschechoslowakei viele Intellektuelle, die ins Ausland flohen, und der politische Druck nahm zu.

Die zentralistische Politik sorgte dafür, daß graue Einheitswohnsiedlungen (*sídliště*) in Betonplattenbauweise wie Pilze aus dem Boden schossen und sich schnell wie ein Gürtel um die Stadt legten. Größere stadtplanerische Entscheidungen fielen ohne angemessene Berücksichtigung des städtischen Gefüges. Die sechsspurige, in Nord-Süd-Richtung verlaufende Magistrála (Wilsonova, 1975-1978), deren zwei getrennte Fahrbahnen mitten durch das Herz der Stadt schneiden und abrupt am oberen Ende des Wenzelsplatzes enden, ist eines der besten Beispiele für derartige Absurditäten. Andere Projekte zeitigten gesichtslose, unpassende und ihre Umgebung dominierende Bauten, die keinerlei Bezug zu ihrem Standort innerhalb der Prager Stadtstruktur erkennen lassen. Zu dieser Kategorie zählen das orwellianisch anmutende Parlamentsgebäude neben dem Nationalmuseum (Karel Prager, 1966-1972), der monumentale Kulturpalast in Vyšehrad (Jaroslav Mayer, Vladimír Ustohal, Antonín Vaněk, Josef Karlík, 1976-1980), die außerirdisch wirkenden Bürowolkenkratzer und Hotelblöcke, die vorrangig in Nusle und Michle konzentriert sind, der raketengleich aufstrebende Turm des Stör- und Fernsehsenders in Žižkov (Václav Aulický, 1985-1988) und das charakterlose Hotel Hilton Atrium in der Pobřežní-Straße (Stanislav Franc, Jan Nováček, Vladimír Fencl, 1988-1990).

Vereinzelt wurden aber auch passendere Pläne und Projekte verwirklicht, so beispielsweise die Villa Chytilová in Troja, das Tennisstadion auf der Insel Štvanice und die sprachtherapeutische Klinik in Smíchov.

Mit dem Zusammenbruch des Kommunismus begann im November 1989 eine neue Ära der Öffnung für das Land und seine Hauptstadt. Neue Investitions- und Geschäftsmöglichkeiten trugen zu einem besseren, wachstumsfördernden Klima für die Wirtschaft bei. Die Bautätigkeit in Prag explodierte geradezu. Alte Gebäude wurden und werden seitdem umgebaut und neue innerhalb der kleinen Innenhöfe und auf den wenigen seit dem Krieg freigebliebenen Flächen errichtet. In rasantem Tempo werden Bauwerke hochgezogen, was sich mitunter auch nachteilig auf die Qualität der Architektur auswirkt. Die Bauszene öffnete sich und zog bekannte

Architekten nach Prag. Frank O. Gehry und Claude Parent zählten zu den ersten, die dort zu bauen begannen.

In den frühen 90er Jahren holten die tschechischen Architekten die zuvor versäumten Möglichkeiten nach, wobei sie sich zunächst von der Postmoderne verführen ließen, was deutlich an den Beispielen des häßlichen Hotel Hoffmeister (Petr Keil, 1990-1993) in der Chotkova-Straße und des grotesken Hotel Don Giovanni (Ivo Nahálka, 1993-1994) in der Vinohradská-Straße erkennbar ist. Es wird jedoch nicht mehr lange dauern, bis die tschechischen Architekten ihre eigenen Stilrichtungen entwickeln und wieder zu einer Bauqualität gelangen, wie sie ihre Vorgänger in der Zeit zwischen den beiden Weltkriegen erreichten.

Der historische Kern Prags wurde von der UNESCO in die Liste des internationalen Weltkulturerbes aufgenommen. Zwar befinden sich zur Zeit einige Prager Bauwerke in schlechtem Zustand; sie sollen aber entsprechend der neuen Restitutionsgesetze im Rahmen der verfügbaren Finanzmittel renoviert oder saniert werden. Dies wird seine Zeit dauern; man sollte also nicht enttäuscht sein, wenn einige der Gebäude noch einen kläglichen Eindruck machen.

Zwar stehen die meisten der hier beschriebenen Bauwerke unter dem Schutz der tschechischen Kulturgutgesetze – diese sind allerdings ziemlich ineffektiv. Es besteht Gefahr, daß Neueigentümer, die Gebäude erwerben, den ursprünglichen Innen- und Außenausbau zerstören. Was sich unversehrt von den Verheerungen durch die beiden Weltkriege und das kommunistische Regime erhalten konnte (das tatsächlich, wenn auch unbeabsichtigt, Prags architektonisches Vermächtnis schützte, indem es die für freie Gesellschaftsformen üblichen Geschäftspraktiken verhinderte), droht jetzt in die Hände einer neuen Generation von rücksichtslosen und profitsüchtigen tschechischen Unternehmern zu fallen.

Trotz der auf nur 120 Beispiele beschränkten Auswahl reichen die in diesem Architekturführer abgebildeten Bauwerke aus, um den Reichtum und die Vielfalt der modernen Architektur Prags anschaulich zu demonstrieren.

DANKSAGUNGEN

Mein Dank gilt den folgenden Personen, ohne deren Mitwirkung dieses Buch nicht entstanden wäre: Amanda Bates für 3D-Modelle, Kommentare und Unterstützung, Keith Collie für Fotos und Begleitung, Jan Kaplický für Informationsquellen und Beratung, Zdeněk Lukeš für das Organisieren von Zutrittsmöglichkeiten zu den Bauwerken und seine Kommentare, Heda Margolius Kovaly für Übersetzung und Korrekturen, Jiří Horský für letzte Aktualisierungen, dem Technischen Nationalmuseum, dem tschechischen Museum der bildenden Künste und dem Museum des nationalen Schrifttums für die Erlaubnis, ihre Gebäude fotografieren und Bilder aus ihren Archiven reproduzieren zu dürfen, Jonathan Moberly und Tom Neville für ihre Idee, diese Reihe von Reiseführern zu veröffentlichen. Ebenso möchte ich den vielen Eigentümern danken, die uns erlaubten, ihre Gebäude zu fotografieren, und die uns, während sie uns mit Kaffee und Kuchen versorgten, mehr über die Geschichte ihrer Häuser verrieten.

I. M., November 1995

Hinweise zur Benutzung

Dieser Stadtführer ist in acht Kapitel gegliedert. Jedes Kapitel behandelt einen Prager Stadtbezirk, wobei das letzte drei Bezirke umfaßt. Gegenwärtig besteht Groß-Prag aus zehn unterschiedlich großen Vierteln. Die aufgeführten Gebäude liegen an Rundwegen, die durch die einzelnen Viertel führen.

Prag ist eine relativ kleine Stadt; vor allem im historischen Stadtkern ist alles leicht zu Fuß zu erreichen. Das öffentliche Verkehrswesen funktioniert gut, und Metros, Straßenbahnen und Busse sind sauber und unglaublich preiswert. Fahrscheine müssen vor Fahrtantritt gekauft werden; man erhält sie an Kiosks und in Metrostationen. Taxifahrten sollte man vermeiden, da sie für Touristen recht teuer werden können. Empfehlenswert ist ein guter Stadtplan im Maßstab 1:20 000, den man in Buchläden und an Zeitungskiosks kaufen kann. Wer sich verirrt, findet meist jemanden, der deutsch spricht und Suchenden den richtigen Weg zeigen kann.

Jedes Gebäude in Prag hat zwei Hausnummern. Die blaue Nummer bezeichnet – wie in Deutschland – die Lage des Hauses in der Straße. Die rote Nummer (*číslo popisné*) gibt die Ordnungszahl des Gebäudes innerhalb seines Bezirks an. Im Buch sind die blauen Nummern zuerst aufgeführt. Den Namen einer Straße (*ulice*), Allee (*třída*), eines Platzes (*náměstí*), Marktes (*trh*) oder einer Uferstraße (*nábřeží*) kann man reizvollen Emailleschildern an jedem Straßenende beziehungsweise jeder Kreuzung entnehmen.

Viele Gebäude mußten bei der Auswahl der in diesem Buch besprochenen Bauten unerwähnt bleiben. Befindet sich in der Nähe eines aufgeführten Gebäudes ein weiteres interessantes Bauwerk, so wird es am Ende der Beschreibung erwähnt. Im Titel der Beschreibungen sind die Namen der ursprünglichen Bauherren und der ursprüngliche Zweck des Gebäudes angegeben. Um die Benutzung von tschechischen Stadtplänen zu erleichtern, wurden sämtliche Adressen auf Tschechisch angegeben.

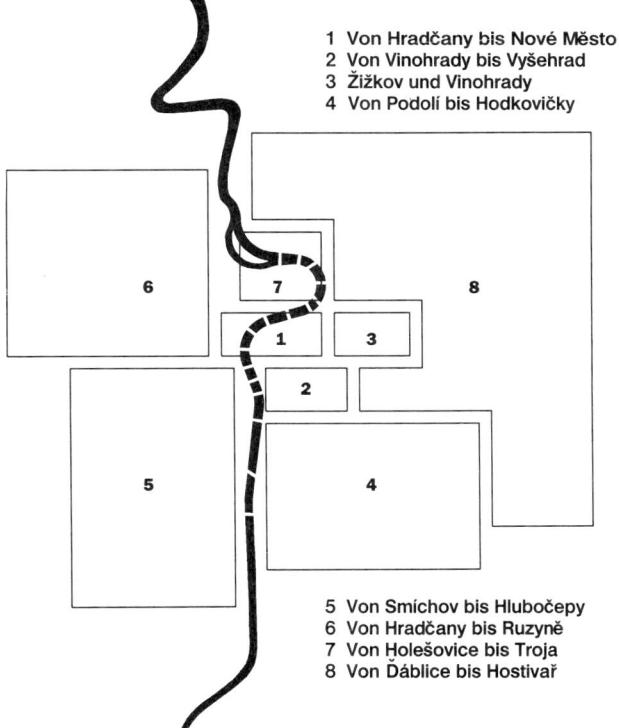

1 Von Hradčany bis Nové Město
2 Von Vinohrady bis Vyšehrad
3 Žižkov und Vinohrady
4 Von Podolí bis Hodkovičky

5 Von Smíchov bis Hlubočepy
6 Von Hradčany bis Ruzyně
7 Von Holešovice bis Troja
8 Von Ďáblice bis Hostivař

Von Hradčany bis Nové Město

Wiederaufbau der Prager Burg

Am Ende des letzten Jahrhunderts studierten der slowenische Architekt Jože Plečnik und der Tscheche Jan Kotěra in Otto Wagners Atelier an der Wiener Akademie der bildenden Künste. Auf der Basis ihrer gemeinsamen slawischen Abstammung entwickelte sich zwischen ihnen eine Freundschaft. 1911 rief Kotěra Plečnik für einen Lehrauftrag an die Kunstgewerbeschule nach Prag. Zehn Jahre später kehrte Plečnik Prag den Rücken und nahm eine ähnliche Stelle in Ljubljana (dem damaligen Laibach) an; zuvor jedoch dankte ihm der tschechoslowakische Präsident Tomáš Garrigue Masaryk für seine lange Lehrtätigkeit in Prag, indem er ihm die Renovierung und den Wiederaufbau der Prager Burg übertrug.

Plečnik war ein hervorragender Architekt. Beeinflußt und inspiriert von der Architektur der klassischen Antike und den Schriften Gottfried Sempers, denen er Elemente und Formen entlieh, entwickelte er einen sehr persönlichen Stil, der seine Einstellung zur menschlichen Existenz und seine religiösen Überzeugungen zum Ausdruck brachte. Plečnik benutzte Architektur als Medium für seine symbolischen und spirituellen Botschaften, und man kann an seinen Werken nicht vorbeigehen, ohne voller Bewunderung stehenzubleiben.

Wer Plečniks Schaffen betrachten will, beginnt am besten mit dem Ersten Burghof[1] in der Nähe des Hradschiner Platzes (Hradčanské náměstí). Die 25 Meter hohen Fahnenstangen sind eine Arbeit Plečniks. Bevor man den Zweiten Burghof betritt, kann man einen Blick links durch die detailreich gestalteten, polierten Bronzetore in den äußerst beeindruckenden Plečnik-Saal werfen. Dort ist Plečniks „Handschrift" in Form einer Säule vor kreisrunder Öffnung zu erkennen.[2] Ein kleiner Durchgang zur Linken führt vom Zweiten Burghof zum Basteigarten[3], der von Plečnik gestaltet wurde. Man beachte die runden Stufen und die Balustrade am Fußweg zur Pulverbrücke, die oft auch Staub(gassen)brücke genannt wird. Wenn man den Zweiten Burghof durchquert und in den Dritten Burghof eintritt, stößt man in dem von Plečnik entworfenen Granitbelag auf Schachtdeckel aus Messing im „Design des Architekten".[4]

Jože Plečnik 1920-1934

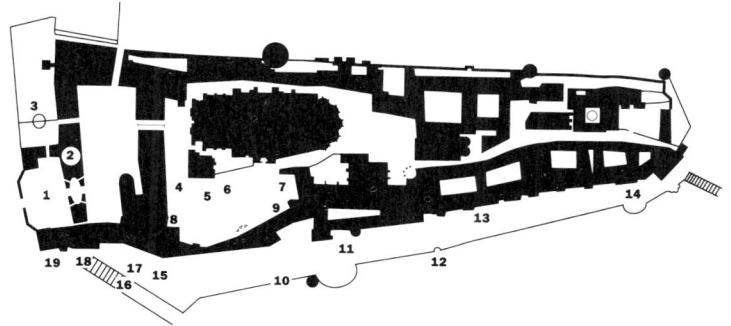

Von Hradčany bis Nové Město

Jože Plečnik 1920-1934

Der 16,4 Meter hohe Monolith aus Mrakotiner Granit[5] wurde von Präsident Masaryk finanziert und von Plečnik unvollendet 1928 anläßlich des zehnten Jahrestages der Republik aufgestellt. Ein noch größerer Monolith sollte ursprünglich als Mahnmal für die im Ersten Weltkrieg gefallenen tschechischen Soldaten auf den Stufen des Paradiesgartens aufgestellt werden. Er zerbrach jedoch – sehr zum Ärger Plečniks – auf dem Transportweg vom mährischen Steinbruch nach Prag.

Die gotische Statue des heiligen Georg[6], der einen Drachen tötet, wurde an einen neuen Standort versetzt und auf einen von einem runden Geländer umgebenen, von Plečnik entworfenen Sockel gestellt, den teilweise das Wasser eines Brunnens umgibt. Der Barockbrunnen[7] am Eingang zum alten Königspalast ist ebenfalls eine Adaptation von Plečnik. Auf der anderen Seite des Hofes befindet sich die von Plečnik entworfene Toreinfahrt für den Wagen des Präsidenten[8], dahinter die Privatwohnung des Präsidenten.

Vom Brunnen aus gelangt man rechter Hand zur Stiertreppe mit dem gewellten Kupferbaldachin.[9] In den Details, der Ausgestaltung von Nischen, Türgriffen und Balustraden sowie der sorgsamen Ausführung des Mauerwerks zeigt sich Plečniks Können in vollendeter Form. Die Aussicht von den Treppenabsätzen auf Plečniks Pyramide und die St.-Niklas-Kirche ist überwältigend.

Auch im tiefer gelegenen Wallgarten finden sich einige von Plečnik entworfene beziehungsweise arrangierte Details, so der Belvedere-Pavillon[10] und die liegende Granitsäule neben dem Denkmal, das an den Fenstersturz Vilém Slavatas im Jahre 1618 erinnnert.[11] Weiter nach Osten führt eine Treppe vom Wall zu den tiefer gelegenen Gärten[12] und dem Bellevue-Pavillon[13], und fast am äußersten Ende des Burggeländes befindet sich die Mährische Bastion[14] mit einem zwölf Meter hohen, schmalen Granitobelisken und einem Tisch aus Měříngranit unter einer Pergola.

Vom Wallgarten gelangt man in den Paradiesgarten[15], in dem ein wuchtiges, massives Becken aus Mrakotiner Granit auf zwei kleinen Granitblöcken über dem sorgfältig gestutzten Rasen ruht. Wenn man die Treppen[16] hochgeht, sollte man es nicht

Von Hradčany bis Nové Město

Jože Plečnik 1920-1934

versäumen, dem Mauerbrunnen rechts unter der Treppe, der Steinbalustrade, der schwarzen Dioritvase, dem oben sichtbaren vergoldeten Fenstergitter[17] und der Amphore in der Nische[18] einen aufmerksamen Blick zu widmen.

Nach Verlassen des Gartens gelangt man durch Plečniks Tor mit der Steinbalustrade zurück auf den Platz, von dem aus der Rundgang begann.

1991 besuchte der britische Architekt James Stirling die Prager Burg, um einen Vortrag zu halten. Bei dieser Gelegenheit zeigte man ihm Plečniks architektonisches Vermächtnis. Stirling war derart begeistert, daß er unbedingt neben allen Arbeiten Plečniks fotografiert werden wollte und trotz einer Bombendrohung die Burg nicht verließ, bis er alles gesehen hatte.

Erster Burghof 1920-1923
Paradies- und Wallgarten 1920-1927
Amtssitz des Präsidenten 1921-1927
Obelisk auf der Mährischen Bastion 1923
Basteigarten 1927-1932
Zweiter Burghof 1927
Dritter Burghof 1928-1932
Monolith 1928
Plečnik-Saal 1928-1930
Stiertreppe und Baldachin 1928-1932

ADRESSE Pražský hrad, Praha 1 Hradčany
METRO Linie A bis Hradčanská
STRASSENBAHN 22
ZUTRITT frei zugänglich (außer Plečnik-Saal und Präsidentenwohnung); Gärten im Winter geschlossen

Von Hradčany bis Nové Město

Jože Plečnik 1920-1934

Jože Plečnik 1920-1934

Fertigstellung des St.-Veits-Doms

Der St.-Veits-Dom ist ein Mikrokosmos der Prager Architekturgeschichte, bis zu dessen Vollendung mehr als tausend Jahre vergingen. Sämtliche Stilepochen der Architektur sind hier vertreten, was besonders deutlich an dem mit 99,6 Meter recht hohen Glockenturm zum Ausdruck kommt. Der Bau wurde 1392, während der Gotik, unter dem deutschen Baumeister Peter Parler begonnen, doch nicht zu Ende geführt. Fast 160 Jahre später wurde der Turm im Stil der Renaissance mit einem Umgang aus verputztem Backsteinmauerwerk und einer kupfergedeckten Kuppel vollendet. Die Kuppel wurde 1760 während eines Gewitters beschädigt und 1770 durch eine ausladendere, dreigliedrige Barockkonstruktion ersetzt, mit der Prag ein unverwechselbares Wahrzeichen erhielt.

Das westliche Langhaus des Doms zwischen dem Chor und der Fassade mit den zwei Türmen ist neugotisch. Es wurde 1873 begonnen und 1929 vollendet. Auf den Mittelflügeln der von Vratislav H. Brunner und Otakar Španiel entworfenen Bronzeeingangstüren (1927-1929) ist die Baugeschichte des Doms dargestellt; die Seitenflügel erzählen vom Leben der Heiligen Wenzel und Adalbert. Bei der farbigen Rosette des Westfensters (1927-1929) handelt es sich um einen Entwurf von František Kysela, der Szenen aus der Schöpfungsgeschichte darstellt. Ein Fenster von Alphonse Mucha (1931) kann man in der erzbischöflichen Kapelle auf der Nordseite bewundern.

Die Fenster in der Wenzelskapelle (1968-1969), die auf den Dritten Burghof des Hradschin gehen, stammen von Stanislav Libenský und Jaroslava Brychtová, so daß selbst unser modernes Zeitalter nicht ausgeschlossen bleibt.

ADRESSE Katedrála Sv. Víta, Pražský hrad, Praha 1 Hradčany
METRO Linie A bis Hradčanská
STRASSENBAHN 22
ZUTRITT geöffnet täglich 9.00-17.00 Uhr

Josef Mocker, Kamil Hilbert 1873-1929

Von Hradčany bis Nové Město

Josef Mocker, Kamil Hilbert 1873-1929

Gruft der tschechischen Könige

In einer kleinen, höhlenartigen Krypta tief unter dem St.-Veits-Dom befinden sich acht von dem Architekten Kamil Roškot neu arrangierte Sarkophage (1934-1935). Das Grab Karls IV. (1316-1378) in der Mitte ist ein stromlinienförmiger, mit größter Sorgfalt ausgearbeiteter Entwurf aus Metall. Wie die schimmernde Zeitmaschine aus einem Science-Fiction-Film steht er auf dem Marmorboden und sieht so aus, als sei er startbereit für eine Reise ins All. Der Sarkophag ist von Gräbern weiterer berühmter tschechischer Könige und Persönlichkeiten umgeben. Zur Rechten ist König Ladislaus Postumus IV. (1440-1457) bestattet, dahinter Wenzel IV. (1361-1419) zusammen mit seinem Halbbruder Jan Zhořelecký, außerdem Maria Amelia, die Tochter der Kaiserin Maria Theresia. Zur Linken ruhen König Georg von Podiebrad (1420-1471), vier Gemahlinnen Karls IV. und dessen Kinder. Hinter der Gruft von Karl IV. befindet sich der originale Zinnsarkophag von Rudolf II. (1552-1612).

Von Hradčany bis Nové Město

ADRESSE Katedrála Sv. Víta, Pražský hrad, Praha 1 Hradčany
METRO Linie A bis Hradčanská
STRASSENBAHN 22
ZUTRITT geöffnet täglich 9.00-17.00 Uhr

Kamil Roškot 1934-1935

Kamil Roškot 1934-1935

Wiederaufbau des Theresianischen Flügels der Prager Burg

Unter der Herrschaft von Kaiserin Maria Theresia (1740-1780) wurde die Prager Burg während der Belagerung der Stadt durch die Preußen im Jahre 1757 stark beschädigt, und man beauftragte den italienischen Architekten Nicolo F. L. Pacassi mit der Renovierung. Dieser ordnete um die Spitze des Hradschin-Hügels und die Burghöfe um den St.-Veits-Dom lange, schlichte, klassizistische Bauten im französischen Stil an, die den königlichen Palast beherbergten.

Nach Gründung der Republik Tschechoslowakei im Jahr 1918 begannen Bauarbeiten an der Prager Burg; die vernachlässigten Teile des alten und neuen Königspalastes sollten zu einem standesgemäßen Amtssitz für den Präsidenten umgebaut werden. Neben Plečnik wurde auch sein äußerst begabter Schüler Otto Rothmayer beauftragt, in den Jahren 1922-1951 Teile des Palastes und den daran anschließenden Theresianischen Flügel zu renovieren. Die vorhandene romanische und gotische Bausubstanz wurde teils verstärkt, teils originalgetreu wiederhergestellt.

Im Zuge der Renovierung fügte man in den Flügel eine Wendeltreppe aus Požáry-Granit ein, die vom spätgotischen Wladislaw-Saal (erbaut 1493-1502) zu den Terrassen und durch den Theresianischen Flügel in die untenliegenden Gärten führt. Rothmeyer entwarf die Treppe mit einem grazilen, kannelierten Kupferdach und einem stählernen Geländer aus Spiralringen, senkrechten Stahlstangen und vergoldeten Verbindungselementen. Sie fügt sich ohne harte Schnittstellen in das geschichtliche Umfeld der Burg ein und beweist, daß alte und moderne Architektur durchaus eine harmonische Verbindung eingehen können.

ADRESSE Královský palác, Pražský hrad, Praha 1 Hradčany
METRO Linie A bis Hradčanská
STRASSENBAHN 22
ZUTRITT geöffnet täglich 9.00-16.30 Uhr

Otto Rothmayer 1930-1951

Von Hradčany bis Nové Město

Otto Rothmayer 1930-1951

Orangerie

Eine tiefe, grüne Senke nördlich der Prager Burg ist alles, was von dem Burggraben geblieben ist, der sie einst umgab. Die Senke wird Jelení příkop (Hirschgraben) genannt. Trotz dieses Namens durchstreiften noch zwischen den beiden Weltkriegen Bären die steile Schlucht. Jetzt gibt es hier keine Bären mehr, und man gelangt zu Fuß am Rande des Grabens entlang zu der Stelle, wo westlich der Prašný most (Pulverbrücke) die von Jože Plečnik neu gestaltete Masaryk-Terrasse liegt. Östlich der Brücke, auf einem sonnigen, kleinen Plateau am Rande des Grabens, liegt das Gelände, auf dem sich die neue Orangerie von Eva Jiřičná an die Renaissancemauer anschließen soll, die den Královská zahrada (Königsgarten) umgibt. In der Orangerie, die einen Platz, auf dem früher ebenfalls ein Glashaus stand, einnehmen soll, sollen Zierpflanzen für die Burg gezüchtet werden. Die Orangerie wird Jiřičnás erster in Prag realisierter Bau sein.

Im 16. Jahrhundert wurden an dieser Stelle Orangerien und Treibhäuser errichtet, um exotische Früchte für die Burg zu kultivieren. Die neue Orangerie möchte diese alte Tradition fortsetzen; erfreulicherweise spiegelt sie dennoch getreu die Ära wider, in der sie entworfen wurde, nämlich die des ausgehenden 20. Jahrhunderts. Ein diagonales Netz aus nichtrostenden Stahlrohren, von denen eine Glashaut abgehängt ist, formt die Tragwerkhülle der Orangerie. Dadurch kommt ein klar geschnittener, halbkreisförmiger Baukörper zustande, der auf seiner Gesamtlänge von 100 Metern in drei Abschnitte unterteilt ist.

Bereits mit dem Entwurf dieses raffinierten, sich harmonisch einfügenden Stücks Baukunst feierte Jiřičná eine triumphale Heimkehr in die Prager Architekturgeschichte.

ADRESSE Jelení příkop, Pražský hrad, Praha 1 Hradčany
METRO Linie A bis Hradčanská
STRASSENBAHN 22
ZUTRITT kein Zutritt

Eva Jiřičná, seit 1995

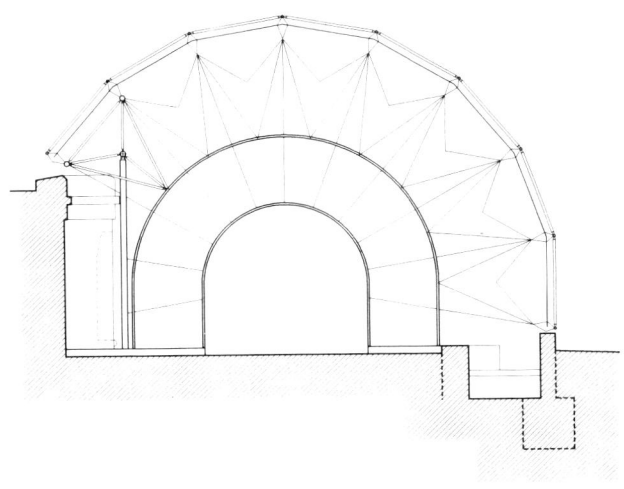

Eva Jiřičná, seit 1995

U-Bahnstation Malostranská

Der Entwurf der U-Bahnstation Malostranská (auf der Kleinseite) bildet eine erfreuliche Ausnahme zur in der Regel dominanten Monumentalarchitektur der meisten Prager U-Bahnstationen. Die auf der Ausgangsebene aufgestellten Kopien von Barockskulpturen vermitteln den Metro-Fahrgästen einen Vorgeschmack auf das mittelalterliche Stadtviertel, das sie erwartet. Das niedrige, mit schwarzem Marmor verkleidete Gebäude fügt sich harmonisch in das Bild mit der ehemaligen Waldstein-Reitschule, die heute als Kunstgalerie dient, und dem angrenzenden Garten mit seinen Brunnen und Wasserbecken ein. Die in die bogenförmigen Öffnungen eingesetzten modernen Tore und Gitter aus Metall werfen ein faszinierendes Schattenspiel auf die hohen Mauern ringsherum. Der Garten ist ein geeigneter Ort für eine ruhige Rast abseits des hektischen Treibens der Touristen und Passanten.

Ebenfalls beachtenswert ist das Innere der U-Bahnstation Karlovo náměstí auf der Linie B, in der die Seitenwände der Bahnsteige mit speziell gefertigten, vorgeformten und durch Rippen versteiften Glasblöcken verkleidet sind. Die Hauptstützpfeiler sind an den Längsseiten mit Glasplatten verkleidet, die mit Aluminiumfolie beschichtet sind und dem gesamten Innenraum einen irrealen, von ständigem Glitzern erfüllten Ausdruck verleihen (Lubomír Hanel, Jan Talacko, Miroslav Pelcl, 1985).

ADRESSE Klárov, Praha 1 Malá Strana
METRO Linie A bis Malostranská
STRASSENBAHN 12, 18, 22
ZUTRITT frei zugänglich

Von Hradčany bis Nové Město

Zdeněk Drobný (Station) und Otakar Kuča (Garten) 1979

Zdeněk Drobný (Station) und Otakar Kuča (Garten) 1979

Svatopluk-Čech-Brücke
(Most Svatopluka Čecha)

1905 gewann Jan Koula den Wettbewerb für eine neue Brücke über die Moldau mit seiner geschickten Lösung des schwierigen Problems, die beiden unterschiedlich hohen Flußufer miteinander zu verbinden. Die Brücke wurde nach dem tschechischen Schriftsteller und Dichter Svatopluk Čech benannt (1846 bis 1908). Sie mißt 16 Meter in der Breite und ist mit 169 Metern die kürzeste Prags. Die elegante, flache Stahlkonstruktion schwingt sich mühelos und leicht von einem Brückenpfeiler zum nächsten. Besonders gelungen ist die an Spitzenmuster erinnernde, mit feinen, weichen Formen gearbeitete Metallkonstruktion des Brückengeländers.

Die ionischen Siegessäulen (von Antonín Popp) waren ursprünglich als monumentale Überleitung zu einem Triumphbogen vorgesehen. Der Bogen sollte einen tiefen Einschnitt in das darüberliegende Letná-Plateau einrahmen, wurde jedoch nie realisiert. Nach einer Reihe von Wettbewerben entschied man sich für einen 429 Meter langen Tunnel an der Šverma-Brücke, der 1949-1953 gebaut wurde.

Oberhalb der Brücke befand sich eine 15 Meter hohe, von Otakar Švec entworfene Stalin-Statue, die 1955 auf einem ebenfalls 15 Meter hohen Sockel aufgestellt wurde. Schon bald wurde sie ein Ärgernis; 1962 entfernte man sie mittels einer Sprengung. Die Hohlräume unter dem Sockel wurden als Abstellraum – u. a. für Säcke faulender Kartoffeln – benutzt. Der Sockel dient gegenwärtig als Standfläche für die Skulptur eines Metronoms von Vratislav K. Novák (1991), das die neuen demokratischen Zeiten mißt und dessen langes Pendel Prag ermahnt, ähnliche Torheiten zukünftig zu vermeiden.

ADRESSE Fortsetzung der Pařížská (Pariser Straße), Praha 1 Staré Město
METRO Linie A bis Staroměstská
STRASSENBAHN 12, 17
ZUTRITT frei zugänglich

Von Hradčany bis Nové Město

Jan Koula und Jiří Soukup (Statik) 1905-1908

Von Hradčany bis Nové Město

Jan Koula und Jiří Soukup (Statik) 1905-1908

Mahnmal für die Opfer des Kommunismus

Wenn man von der Most Svatopluka Čecha (Svatopluk-Čech-Brücke) aus den Blick den steilen Hang zum Letná-Plateau hochwandern läßt, sieht man die Stelle, an der die Architektenkooperative Future Systems ein Mahnmal für die Opfer des Kommunismus in Form einer bleibenden Narbe in der Landschaft schaffen will. Vorgesehen ist ein Einschnitt in den Berghang, der von einer Brücke in Leichtbauweise überspannt wird, die an den Seiten des Einschnitts aufgehängt ist. Die Seitenhänge sollen in 42 Stufen ansteigen – die 42 Jahre kommunistischer Herrschaft symbolisierend. Für die Wände der Stufen ist eine schwarze Glasverkleidung vorgesehen; sie sollen die Namen all jener tragen, die unschuldig ihr Leben lassen mußten. Somit würde auf angemessene Art denen Tribut gezollt, die am Galgen, in Gefängnissen, in Polizeigewahrsam oder als Gefangene des Geheimdienstes, in Arbeitslagern, in Uranbergwerken oder beim Versuch, über die Staatsgrenzen zu fliehen, starben. Mir liegt dieses Projekt ganz besonders deshalb am Herzen, weil mein Vater, Rudolf Margolius, zu den elf Männern gehörte, die im Dezember 1952 zu Unrecht in der Folge des berüchtigten Slánský-Prozesses hingerichtet wurden.

Begreiflicherweise ist allerdings das aktuelle politische Klima noch zu sensibel und unbeständig für solch offene und nachhaltige Zurschaustellungen der Fehler der jüngsten Vergangenheit; somit bleibt die Realisierung dieses tiefgreifenden, bewegenden Projekts, das einer so genialen Vision entspringt, zumindest zur Zeit unwahrscheinlich.

ADRESSE Südhang des Letná-Plateaus, genau gegenüber der Svatopluk-Čech-Brücke (Most Svatopluka Čecha), Praha 1 Staré Město
METRO Linie A bis Staroměstská
STRASSENBAHN 12, 17
ZUTRITT Projekt noch nicht realisiert

Von Hradčany bis Nové Město

Future Systems: Jan Kaplický und Amanda Levete 1993

Future Systems: Jan Kaplický und Amanda Levete 1993

Von Hradčany bis Nové Město

Genossenschaftswohnungen

Dieser kubistische Wohnkomplex wurde nach Ende des Ersten Weltkriegs für eine Lehrergenossenschaft errichtet. Der Entwurf der Gebäude entstammt einem relativ späten Stadium dieses Stils und ist nicht unmittelbar von der Kraft der französischen Kubisten beeinflußt. Die weiche, subtile Farbgebung der Außenflächen mit ihren starken Variationen ist ungewöhnlich für eine kubistische Architekturkomposition, bei der die Außen-Ausbauarbeiten normalerweise einfarbig ausgeführt werden. Der Einfluß des späteren, farbenfreudigeren Rondo-Kubismus ist erkennbar.

Der meisterhafte, symmetrische Entwurf berücksichtigt sämtliche Bauelemente wie Fensterrahmen, Toreingänge und Türen. Aus größerer Entfernung erkennt man das hohe, mit Ziegeln gedeckte Dach, das zu schwer wirkt und in scharfem Kontrast zu der fragilen Fassade steht, die an die japanische Papierfaltkunst Origami denken läßt.

Von Hradčany bis Nové Město

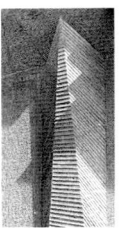

ADRESSE Elišky Krásnohorské 10-14/123,
1021, 1037, Praha 1 Staré Město
METRO Linie A bis Staroměstská
STRASSENBAHN 17
ZUTRITT kein Zutritt

Otakar Novotný 1919-1921

Bürogebäude in der Liliová

Tief verborgen im Hof des alten Renaissancegebäudes „Zum goldenen Stuhl" liegt dieses überraschend frisch wirkende Renovierungs- und Ausbauprojekt, dessen High-Tech-Charakter sich am deutlichsten in dem neuen Aufzugs- und Treppenturm offenbart. Das abends von innen herausstrahlende Licht betont das Skelett der grünen Stahlkonstruktion mit roten Diagonalverstrebungen. Reflexe der in die Außenstruktur eingeschnittenen Löcher werden auf die weißen Wände geworfen und tanzen zwischen den Schatten.

Der hintere Teil des Hofs wurde in den 20er Jahren auf einem einstöckigen Gebäude erbaut. Die Ecke nahm ein kleiner Wirtschaftsblock ein, der abgerissen wurde, um Platz für das neue Gehäuse von Aufzugschacht und Treppenaufgang zu schaffen. In den Fußböden jeder der Etagen des Turms sind spitzwinklige Dreiecke ausgespart, in die massives, tragfähiges Glas eingesetzt wurde. Die Außenwand des Turms läuft im Erdgeschoß aus dem Winkel, wodurch in der ersten Etage ein spitzwinkliger, dreieckiger Balkon entsteht. Die vielen Glaselemente des Gebäudes ermöglichen, daß in alle Stockwerke Licht hereinfluten und die Innenräume erhellen kann. Diese Wirkung wird durch die Glasummantelung des Aufzugschachts und die Verwendung von Glasbausteinen und geriffeltem Flachglas für die Innenwände noch verstärkt.

ADRESSE Liliová 4/250, Praha 1 Staré Město
METRO Linie A bis Staroměstská
STRASSENBAHN 17, 18
ZUTRITT kein Zutritt

Jaroslav Šafer 1992

Von Hradčany bis Nové Město

Jaroslav Šafer 1992

Štenc-Haus

Dieser Bau wurde für den Kunstverleger Jan Štenc (1871-1947) entworfen. Der Architekt Otakar Novotný war ein Schüler Kotěras und wurde von der Arbeit des niederländischen Architekten Hendrik Petrus Berlage und von Frank Lloyd Wright beeinflußt. Am Štenc-Haus ist dies eindeutig zu erkennen. Zurückgesetzt in die dunkle Ecke eines kleinen Platzes, wird es von der evangelischen Renaissancekirche St. Salvator mit ihren späteren Barockumbauten bedrängt.

Freiliegendes Backstein-Sichtmauerwerk ist – sowohl innen als auch außen – schon an sich ungewöhnlich für böhmische Verhältnisse. Rote Ziegel, weiße Glasurziegel und kleine Granitflächen sind streng rationalistisch komponiert und deuten kaum explizíten Dekorationswillen an. Ein überraschend schwer wirkender, abgerundeter Backsteinbalkon ragt aus der ansonsten einheitlichen Fassade heraus. Die großflächigen Glasscheiben und Fenster zum backsteingepflasterten Innenhof und die gebogene Dachverglasung über der Straßenfassade künden bereits zu einem sehr frühen Zeitpunkt von der Entstehung einer neuen Architekturepoche.

Von Hradčany bis Nové Město

ADRESSE Salvátorská 8/931-10/1092,
Praha 1 Staré Město
METRO Linie A bis Staroměstská
STRASSENBAHN 17, 18
ZUTRITT kein Zutritt

Otakar Novotný 1909-1911

Von Hradčany bis Nové Město

Otakar Novotný 1909-1911

Erweiterungsbau zum Carolinum
(Karls-Universität)

Eine gewagte Einfügung moderner Baukunst in einen sehr sensiblen Bereich. In diesem Teil Prags wurden mehrere gotische Bauten von der Karls-Universität übernommen, darunter auch das große Rothlev-Haus, das Wenzel IV. der Universität 1383 zur Verfügung stellte. Die Gebäude wurden verschiedene Male umgebaut, zuletzt zwischen 1711 und 1718 von František M. Kaňka.

In den ausgehenden vierziger und fünfziger Jahren wurden die Universitätsgebäude renoviert und an die aktuellen Bedürfnisse des Lehrbetriebs angepaßt. Gleichzeitig wurde ein neues Gebäude entworfen, das sich zwischen die historischen Bauten einpassen und die Büros von Hochschulleitung und -verwaltung aufnehmen sollte. Eine überstehende, baldachinartige Dachkonstruktion krönt das schlichte Backsteinrechteck mit seinen wohlproportionierten Fenstern. Das architektonische Beiwerk, wie die Pflasterung, die Zauneinfriedung und die Fahnenstangen, verleiht dem ruhigen Ambiente zusätzliche Würde.

ADRESSE Ovocný trh 3, Praha 1 Staré Město
METRO Linien A und B bis Müstek
ZUTRITT frei zugänglich

Jaroslav Fragner 1946-1969

Von Hradčany bis Nové Město

Jaroslav Fragner 1946-1969

Kaufhaus „U černé Matky boží"
(Zur schwarzen Muttergottes)

Das Gebäude befindet sich in einer attraktiven Ecklage, fast am Ende der Celetná ulice (Zeltnergasse) und an dem Abzweig, der zum Ovocný trh (dem früheren Obstmarkt) und dem kürzlich renovierten Stavovské-Theater (Tyl-Theater, Ständetheater) führt. Das für František Herbst entworfene Kaufhaus ist eine weitere der für die Stadt Prag so typischen kubistischen Kreationen; offensichtlich inspirierte die Stadt zu Bizarrem und Außergewöhnlichem. Die Architekten arbeiteten eng mit Künstlern und Schriftstellern zusammen; lebhafte Diskussionen motivierten sie. Anders als heute, wo jeder künstlerische Bereich in sich geschlossen ist, ermöglichte der damalige interdisziplinäre Austausch aussagestärkere architektonische Leistungen.

In der tieforangen, durch einen leichten Knick in der Mitte geteilten Fassade, die von einem zweigeschossigen, ziegelgedeckten Mansardendach mit massiven Gauben gekrönt ist, spiegelt sich die barocke und klassizistische Architektur der unmittelbaren Umgebung wider. Durch die Stahlbetonbauweise konnten horizontal verlaufende, lediglich von schlanken Säulen unterbrochene Fensterfronten realisiert werden, die das Gebäude deutlich in einzelne Geschosse gliedern. Die Schattenwirkungen spielen dabei eine ganz besondere Rolle, denn sie füllen Fassadenvorsprünge und -vertiefungen aus und betonen so die Dreidimensionalität der Konstruktion.

Das kürzlich renovierte Gebäude beherbergt das tschechische Museum der bildenden Künste. In der vierten und fünften Etage befindet sich eine Dauerausstellung zum tschechischen Kubismus. Das ursprünglich im ersten Stock untergebrachte Café wurde nicht wiederhergestellt, und die Bar im Untergeschoß ist eine Enttäuschung.

ADRESSE Ovocný trh 19/569, Praha 1 Staré Město
METRO Linie B bis Náměstí Republiky
STRASSENBAHN 5, 14, 26
ZUTRITT geöffnet dienstags bis sonntags 10.00-18.00 Uhr

Josef Gočár 1911-1912

Von Hradčany bis Nové Město

Josef Gočár 1911-1912

Obecní dům (Repräsentationshaus)

Der von überschwenglicher und ungewöhnlicher Sezessionsarchitektur überquellende, spitzwinklige Grundriß beherbergt ein Restaurant, ein Café, eine Weinstube, Spiel- und Billarddräume, Konzert- und Tanzsäle sowie Tagungs- und Ausstellungsräume. Das Repräsentationshaus wurde als Zentrum für Prags kulturelles und gesellschaftliches Leben errichtet. Das Äußere ist fast zu reich gestaltet, um es auf einen Blick zu erfassen. Man muß schon Schritt für Schritt vorgehen, um die gesamte Kunstfertigkeit in sich aufzunehmen.

Über dem Eingang thronen zwei Leuchtenträger von Karel Novák. Darüber ist ein konkaves Giebelmosaik mit einer Allegorie des Prager Lebens zu sehen, ein Entwurf von Karel Špillar, beiderseits des Giebels die Skulpturen Erniedrigung und Auferstehung des Volkes von Ladislav Šaloun. Auch die anderen Fassaden sind mit zahlreichen Statuen verziert.

Der beeindruckendste Raum im Innern ist der große Smetana-Konzertsaal, der 1 500 Zuschauer faßt. Führende tschechische Künstler und Bildhauer leisteten Beiträge zur Gestaltung des Inneren, darunter Alfons Mucha (Primatorensaal), Mikoláš Aleš (Weinstube im Untergeschoß), Bohumil Kafka (Eingangshalle), Josef V. Myslbek und Jan Preisler (Palacký-Saal), Max Švabinský (Rieger-Saal) und Ladislav Šaloun (Smetana-Konzertsaal).

Tagsüber recht ruhig, erwacht das Gebäude nach Sonnenuntergang zum Leben. In einer Atmosphäre aus Zigarettenrauch und dem Duft türkischen Mokkas werden Architekturelemente, Ausstattung, Glastrennwände, das schimmernde Metall der Messinguhren und der schweren Kronleuchter, die an hohen Decken über Samtsesseln hängen, hundertfach in langen Spiegelwänden reflektiert.

ADRESSE Náměstí Republiky 5/1090, Praha 1 Staré Město
METRO Linie B bis Náměstí Republiky
STRASSENBAHN 5, 14, 26
ZUTRITT frei zugänglich

Antonin Balšánek und Osvald Polívka 1905-1912

Antonin Balšánek und Osvald Polívka 1905-1912

Haus „U božího oka" (Zum Auge Gottes)

Ein weiteres Beispiel meisterhaften, sensiblen Innnenhofausbaus an mittelalterlichen Wohnhäusern findet sich in diesem ruhigen Teil von Prag, im Schatten der berühmten Barockkirche St. Jakob.

Das eigentliche Haus Zum Auge Gottes wurde 1501 für Viktorin Křinecký z Ronova errichtet. Im Zuge seiner Neugestaltung schuf Kordovský ausgedehnte Büroflächen, die sich vom alten Gebäudeteil bis hinein in den Hinterhof erstrecken. Die neue Außenfassade des Erweiterungsbaus ist mit klarlackierten Holzlamellen verblendet, die den Büros sowohl den erforderlichen Schatten und Sichtschutz gewähren als auch den harten Charakter der darunterliegenden Verkleidungsbaustoffe mildern. Ungewöhnlich ist die Kupferverkleidung des oval geformten Toilettenblocks, durch die ein hartes, skulpturales Element entsteht, das einen Kontrast von Formen, Materialien und Farben bietet.

Ähnlich, doch mit leicht japanisch anmutenden, eindeutig dekonstruktivistischen Zügen, präsentiert sich das Ausbaukonzept eines Hinterhofs in Mikulandská 12/118, Praha 1 Nové Město (Neustadt), entworfen vom Atelier 8000 (Martin Krupauer und Jiří Střítecký, 1994-1995).

ADRESSE Malá Štupartská 7/634 und 9/1028, Praha 1 Staré Město
METRO Linie B bis Náměstí Republiky
STRASSENBAHN 5, 14, 26
ZUTRITT kein Zutritt

Petr Kordovský 1994

Von Hradčany bis Nové Město

Petr Kordovský 1994

Merkur-Palast

Ursprünglich für die Merkur-Versicherungsgesellschaft erbaut, wurde das Gebäude in jüngerer Zeit von der Tschechoslowakischen Fluggesellschaft ČSA als City-Terminal für Fahrten zwischen dem Zentrum und dem Prager Flughafen Ruzyně übernommen. Noch heute fahren regelmäßig Busse von der Seitenstraße Řásnovka ab, mit denen man am preiswertesten zum Flughafen gelangt.

Die kurze Nordfassade des Merkur-Palasts zeigt zum Moldau-Ufer und schließt den langen Block von Gebäuden an der Revoluční třída (Revolutionsallee) ab. Das Gebäude ist stark funktionalistisch geprägt; es ist mit massig proportioniertem Stein in Grautönen verkleidet, wodurch der Gesamtkonstruktion ein ernster Ausdruck, eine Kälte und eine gewisse Unbeholfenheit verliehen werden, die recht untypisch für Entwürfe aus dieser Zeit sind.

Von Hradčany bis Nové Město

ADRESSE Revoluční 25/767, Praha 1 Staré Město
METRO Linie B bis Náměstí Republiky
STRASSENBAHN 5, 14, 26
ZUTRITT Erdgeschoß geöffnet

Jaroslav Fragner 1934-1935

Jaroslav Fragner 1934–1935

Kaufhaus „Bílá Labuť"

Dieses Kaufhaus wurde für die Firma Brouk & Babka entworfen. Die Straßenfassade besteht aus einer 30 mal 20 Meter großen Thermolux-Glasfront, die von einer leichten Stahlkonstruktion getragen wird. Das Tageslicht fällt in den tiefen Verkaufsraum durch die in ganzer Höhe verglaste Außenwand ein, die dem Gebäude sein charakteristisches Aussehen gibt und abends mit der von innen erleuchteten Fassade Einkaufsbummler anzieht.

Gleich bei der Errichtung wurde das Kaufhaus „Bílá Labuť" (Weißer Schwan) großzügig mit Heiz- und Belüftungssystem, Klimaanlage und einem speziellen System für Rohrpost und Werbung ausgestattet; Waren wurden mit Aufzügen, Paternostern und Fließbändern befördert. Für Kunden standen fünf Aufzüge mit einer Kapazität von jeweils zehn Personen zur Verfügung. Zusätzlich gab es einen Aufzug für die Büros und eine Rolltreppe mit einer Kapazität von 4 000 Personen pro Stunde.

All diese Einrichtungen bedürfen zur Zeit einer Renovierung, um den interessanten Konsumtempel auf den neuesten Stand der Anforderungen an Verkauf, Warenpräsentation und Einkaufskomfort zu bringen. Man darf hoffen, daß hier bald eine Fülle hochwertiger Waren aus tschechischer Produktion angeboten wird.

ADRESSE Na poříčí 23/1068, Praha 1 Nové Město
METRO Linie B bis Náměstí Republiky
STRASSENBAHN 3, 24
ZUTRITT geöffnet montags bis freitags 8.30-19.00 Uhr, samstags 9.00-16.00 Uhr

Josef Kittrich und Josef Hrubý, Innengestaltung von Jan Gillar 1937-1939

Von Hradčany bis Nové Město

Josef Kittrich und Josef Hrubý, Innengestaltung von Jan Gillar 1937-1939

Bank der Tschechoslowakischen Legionen (Legio-Bank)

Vier vom Erdgeschoß bis zur ersten Etage reichende Hauptsäulen tragen jeweils eine der Skulpturen Jan Štursas, die Szenen der Tschechoslowakischen Freiwilligen-Legionen darstellen, die im Ersten Weltkrieg in Frankreich, Italien und Rußland für einen selbständigen tschechoslowakischen Staat kämpften: die Legion in den Schützengräben, Herausforderung und Mut, Warten und Sehnsucht nach der Heimat, Werfen von Granaten und Abwehr von Kampfgas. Das waagerechte Flachrelief darüber stammt von Otto Gutfreund und zeigt die Rückkehr der Legionäre.

Der Baustil dieses spätkubistischen Gebäudes ist in Böhmen als Rondo-Kubismus bekannt. Diese Architekturströmung wurde von tschechischen Folkloreelementen beeinflußt und vielleicht auch von der Malerei Fernand Légers, der runde Formen als Weiterentwicklung der kubistischen Malerei benutzte. Rundformen wiederholen sich am gesamten Gebäude. Die Fassade ist von einem monumentalen, auskragenden Gesims gekrönt und wird durch Fenster und schwere, runde Granitformen akzentuiert. Im Innern erinnert die Form der Hauptschalterhalle trotz der schwereren Konstruktion des Glasdachs an Otto Wagners Wiener Postsparkassenbau; sie ist mit zahlreichen runden, militärisch geprägten Motiven ausgestattet, die Boden, Wände, Glastrennwände, Gitter und sogar die Türflügel zieren und sämtlich in wertvollen und außergewöhnlichen Materialien ausgeführt sind. Der Architekt Oldřich Starý kritisierte nach der Fertigstellung, die Bank „spiegele das Chaos der Gegenwart wider", verwies mit dieser Aussage aber vor allem auf die Unsicherheit, die man bezüglich der zukünftigen Architekturentwicklungen hegte.

Adresse Na poříčí 24/1046, Praha 1 Nové Město
Metro Linie B bis Náměstí Republiky
Strassenbahn 3, 24
Zutritt Erdgeschoß geöffnet

Von Hradčany bis Nové Město

Josef Gočár 1921-1923

Assicurazioni Generali & Moldavia Generali: Gebäude und Broadway-Passage

Das Prager Zentrum ist reich an Arkadengängen, Einkaufspassagen, Innenhöfen und von Straßenfassaden umrahmten Parks. Um die Baugrundstücke ganz auszunutzen, wurden Innenflächen eher überbaut denn als Gärten benutzt, was zu hoher städtebaulicher Dichte führte. Solche Durchgänge findet man ganz einfach, indem man Abstecher in einige Toreinfahrten unternimmt und dort seine eigenen Entdeckungen macht.

Einer dieser Durchgänge ist die ehemalige Broadway-Passage (heute Palác Sevastopol), die zwischen den Straßen Na příkopě (Am Graben) und Celetná (Zeltnergasse) verläuft und ein paar winzige Geschäfte, Büros und ein im Basement gelegenes Kino beherbergt. Die mit Travertin verblendeten Straßenfassaden sind relativ schlicht gehalten. Wirklich sensationell an der Passage ist dagegen die kühne Konstruktion der Überdachungen. Das verbreitete Verfahren, Glasbausteine in Stahlbeton einzusetzen, wurde auf vielerlei Art variiert. Die zwei aufeinanderfolgenden Dächer der Broadway-Passage beeindrucken besonders wegen ihrer unregelmäßigen Form und der Art, in der die Glasbausteine gehalten werden und der Rahmenform folgen.

Beim Verlassen sollte man die Tore aus rostfreiem Stahl beachten, die weit oben horizontal weggeklappt sind. Spätabends werden sie herabgelassen, um das Innere zu sichern.

ADRESSE Na příkopě 31/988, Praha 1 Staré Město
METRO Linie B bis Náměstí Republiky
STRASSENBAHN 5, 14, 26
ZUTRITT Passage geöffnet

Bohumír Kozák und Antonín Černý 1936-1938

Bohumír Kozák und Antonín Černý 1936-1938

Bauprojekt Myslbek

Beim Myslbek-Projekt handelt es sich um ein umfangreiches, kommerzielles Bauvorhaben, das in seinen Anfängen von heftigen Diskussionen überschattet war. Die französische Bank Caisse des Depots et Consignations erwarb in einer Ausschreibung das Grundstück, das seit 1926 brachlag, nachdem der Wiener Bank-Verein es für ein neues Gebäude freigeräumt hatte. Die Bank bestellte Claude Parent zum leitenden Architekten; in einem Wettbewerb vor Ort wurden Parents tschechische Mitarbeiter ausgewählt. Die Stadt Prag hält einen 20-Prozent-Anteil an dem Mehrzweckbau mit drei Parkebenen im Basement, drei Einkaufsebenen und sechs Büroetagen. Eine recht umstrittene Parkhausrampe nimmt ihren Anfang in der Panská (Herrengasse) und tritt am Ovocný trh (Obstmarkt) zutage.

Der Komplex liegt dort, wo ehemals die alten Stadtbefestigungen standen; die Fußgängerpassage, die durch das Gebäude führt, empfindet symbolisch die Mauer mit dem Tordurchgang von der modernen Na příkopě (Am Graben) zum mittelalterlichen Ovocný trh nach. Die architektonische Aussage des Bauwerks bleibt unklar, da versucht wurde, zu viele internationale und lokale Themen auf einmal zu verarbeiten, um einen Bezug sowohl zu den verschiedenen in der Nachbarschaft vorhandenen Stilrichtungen als auch zum aktuellen Trend in der Architektur herzustellen. Das Nordosttor und die Dachgauben weisen schiefe, verzogene Formen auf, die vielleicht durch den benachbarten kubistischen Bau von Gočár inspiriert sind. Die diagonale Verzierung, die auf der Fassade zur Na příkopě angebracht ist und ein tags offenes, nachts geschlossenes Tor symbolisiert, macht das Baukonzept nur noch verworrener.

ADRESSE Na příkopě, Praha 1 Nové Město
METRO Linien A und B bis Můstek
ZUTRITT Verkaufsebenen und Passage geöffnet

Claude Parent, Zdeněk Hölzel und Jan Kerel 1992-1996

Claude Parent, Zdeněk Hölzel und Jan Kerel 1992-1996

Kaufhaus Bondy und Černá-Růže-Passage

Diese L-förmige Passage ist wesentlich größer als die Broadway-Passage. Sie beherbergt im Innern Ausstellungsflächen und einen Markt. Der moderne Bau schließt eine Baulücke in der Panská ulice (Herrengasse). Von dieser gelangt man durch die Passage zum Haus „U černé růže" (Zur Schwarzen Rose), das 1847 im Neurenaissancestil von Jan D. Frenzl in Na příkopě (Am Graben) 12/853 erbaut wurde.

Die flachgewölbte Glasdachkonstruktion aus runden Luxfer-Glasbausteinen, die in einen Stahlbetonrahmen eingelassen sind, spannt sich kühn über den Durchgang. Die attraktive Konstruktionsidee wurde hier zum ersten Mal angewandt. Die Fußböden der umlaufenden Galerien sind aus Glasbausteinen, um maximalen Lichteinfall bis zum untersten Geschoß zu erreichen. Die ursprüngliche Hänge- und Stehleuchtenausstattung wurde leider entfernt, doch ist die Aura der dreißiger Jahre immer noch erkennbar. Die nach oben führende Haupttreppe paßt nicht zur Ausstattung; sie wurde in den sechziger Jahren eingebaut.

Eine zweite, mit dem Panská-Bau in Verbindung stehende, kleinere Passage besitzt eine senkrechte Außenwand aus Glas mit Treppenaufgang und glasummanteltem Aufzug, wodurch zusätzliches Licht ins Innere fällt.

Von Hradčany bis Nové Město

ADRESSE Panská 4/894, Praha 1 Nové Město
METRO Linien A und B bis Můstek
STRASSENBAHN 3, 9, 14, 24
ZUTRITT Passage geöffnet

Oldřich Tyl 1929-1933

Oldřich Tyl 1929-1933

Kaufhaus in der Provaznická

Ein weißverputztes Gebäude, das in einer engen Seitenstraße abseits vom geschäftigen Betrieb der Einkaufsstraße Na příkopě (Am Graben) liegt, schiebt seine herausstehende, abgerundete Ecke zur Promenade hinaus und lockt die Passanten an. Es wird heute jedoch nicht mehr als Kaufhaus, sondern als Bürogebäude genutzt.

Im Sonnenlicht hebt sich die weiße Fassade deutlich ab und zieht Architekturliebhaber an, die dieses Kleinod aus nächster Nähe betrachten sollten.

Von Hradčany bis Nové Město

ADRESSE Provaznická 13/397, Praha 1 Staré Město
METRO Linien A und B bis Můstek
ZUTRITT kein Zutritt

Adolf Foehr 1930-1932

Von Hradčany bis Nové Město

Adolf Foehr 1930-1932

ČKD-Gebäude

Das Büro- und Verwaltungsgebäude wurde im Auftrag des Konzerns Českomoravská Kolben Daněk gebaut, dessen Produktionsstätten sich im Prager Bezirk 9, im Stadtteil Vysočany, befinden. Es handelt sich um ein Gebäude mit modernem Konzept, das versucht, ein Gegengewicht zu den imposanten benachbarten Kaufhäusern und Prachtbauten am Wenzelsplatz (Václavské náměstí) zu schaffen. Auf der Dachterrasse des Eckhauses mit Außenverblendung aus Granit und drei vorgewölbten Fenstern mit nichtrostendem Stahlrahmen befinden sich eine Bar und eine Diskothek, aus der abends laute Musik dröhnt, während Laserlichtfinger den nächtlichen Himmel über dem Platz abtasten. Das Erdgeschoß des Hauses ist weitgehend offen und enthält unter anderem einen Zugang zur Metro-Station Můstek, ein kleines Café und ein Ladenlokal.

Ähnlich wie beim ARA-Kaufhaus, das im Stil der dreißiger Jahre ein Stück weiter auf der Perlová errichtet wurde, schlossen die Architekten die Gebäudesilhouette nach oben hin mit einer Uhr ab. Sie plazierten die Uhr asymmetrisch, um damit den unmittelbar angrenzenden Bau des Wiener Bank-Vereins optisch aufzuwerten, der in den Jahren 1906-1908 nach einem Entwurf von Josef Zasche errichtet worden war. Bedauerlicherweise wurde das ČKD-Haus nicht bescheidener und niedriger ausgeführt, wodurch ein besserer Ausblick auf die dahinterliegende Altstadt möglich geworden wäre.

ADRESSE Na příkopě 31/388, Praha 1 Staré Město
METRO Linien A und B bis Můstek
ZUTRITT Dachgeschoß geöffnet

Von Hradčany bis Nové Město

Alena Šrámková und Jan Šrámek 1978-1983

Alena Šrámková und Jan Šrámek 1978-1983

ARA-Kaufhaus

Das Haus wurde für den Textilhändler Amschelberg für den Verkauf von Modeartikeln und Stoffen erbaut und ist ein typisches Beispiel funktionalistischen Designs in elegantem Weiß. Der Originalentwurf stammt von Milan Babuška und wurde später von František Řehák überarbeitet.

Die Stahlkonstruktion des Gebäudes ist eine der ersten dieser Art, die in Prag Anwendung fand, und ermöglichte schlanke Fassadenelemente und die Aufhängung der abgerundeten Ecke an den oberen Geschossen, wodurch Stützen auf dem Bürgersteig überflüssig wurden. Der so gewonnene Raum wurde vor kurzem dazu genutzt, einen weiteren Zugang zur Metro-Station Můstek zu schaffen. Der abgerundete, hochaufragende Turm und die dort angebrachte quadratische Uhr ergänzen diese urbane Eckkonstellation und bilden einen guten Kontrast zum üppig verzierten Palais der Riunione Adriatica di Sicurtà. Der aus der Jungmannova (Jungmannstraße) ins Weite schweifende Blick findet in der Vertikalität des gen Himmel strebenden Bauwerks einen angemessenen Ruhepunkt.

ADRESSE Perlová 5/371, Praha 1 Staré Město
METRO Linien A und B bis Můstek
ZUTRITT Erdgeschoß geöffnet

František Řehák und Milan Babuška 1927-1931

Von Hradčany bis Nové Město

František Řehák und Milan Babuška 1927-1931

Geschäfts- und Wohngebäude am Jungmannovo náměstí

Das Haus ist einer der ersten rondo-kubistischen Bauten, die in Prag errichtet wurden. Im Gegensatz zu den grauen und weißen, scharfgeschnittenen Diagonal- und Pyramidenformen des reinen Kubismus wurden hier runde, farbige Motive gewählt. Beide Hausfassaden, sowohl die zur 28. října als auch die am Jungmannovo náměstí (Jungmannplatz), zeigen Muster in der allgemein beliebtesten Farbkombination Rot-Weiß, den tschechischen Nationalfarben.

Der Enthusiasmus für die Verbindung zur folkloristischen Tradition entsprang der Gründung der Republik Tschechoslowakei im Jahr 1918, und der Geist des neuen, unabhängigen Landes, seiner slawischen Sprache und Kultur, wurde in Kunst und Architektur gefeiert und prägte beide Bereiche.

Das Gebäude ist recht schmal. Gerade auf dem sonnenbeschienenen Platz setzt es aber mit seinen wuchtig ausgebildeten, bunten Gesimsen der Fassade und den Rundformen von Balkon und Giebel einen eigenständigen Akzent; aufmerksame Pragbesucher werden es kaum übersehen.

ADRESSE Jungmannovo náměstí 4/764, Praha 1 Nové Město
METRO Linien A und B bis Můstek
STRASSENBAHN 6, 9, 18, 22
ZUTRITT Erdgeschoß geöffnet

Rudolf Stockar 1920-1922

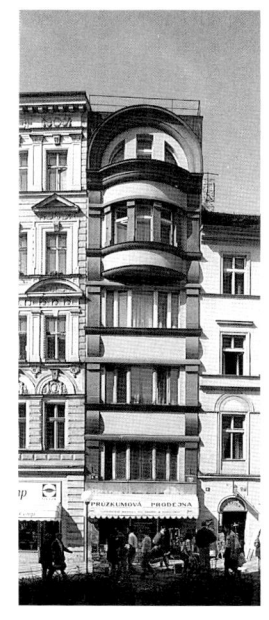

Rudolf Stockar 1920-1922

Musikalienhandlung

Der Jungmannovo náměstí (Jungmannplatz) ist ein kleiner Platz mit zauberhafter Atmosphäre, an dem mehrere architektonische Meisterwerke versammelt sind: das Geschäfts- und Wohnhaus von Stockar, ein kubistischer Laternenpfahl, das Palais der Riunione Adriatica di Sicurtà von Janák sowie ein weiteres Haus der Adriatica auf der Ecke mit der Jungmannova (Jungmannstraße) 34/750, das von Fritz Lehmann und Kamil Roškot (1929-1931) entworfen wurde.

Ende der dreißiger Jahre errichtete man an diesem Platz zudem eine elegante, viergeschossige Musikalienhandlung. Das schlichte, aber reizvolle Gebäude ergänzt die breite Palette der Baustile und schmiegt sich harmonisch an die hohe Umfassungsmauer der Kirche Maria Schnee. Das Schiff der gotischen Kirche wurde 1606, also zur Zeit der Renaissance, vollendet.

Von Hradčany bis Nové Město

ADRESSE Jungmannovo náměstí 17/754, Praha 1 Nové Město
METRO Linien A und B bis Můstek
STRASSENBAHN 6, 9, 18, 22
ZUTRITT alle Etagen geöffnet

Vlastimil Brožek, Jan Mentberger, Karel Polívka 1938-1939

Von Hradčany bis Nové Město

Vlastimil Brožek, Jan Mentberger, Karel Polívka 1938-1939

Palais der Riunione Adriatica di Sicurtà

Der Bau gleicht einer üppigen Hochzeitstorte im Renaissancestil und verkörpert eine äußerst ungewöhnliche Strömung des Spätkubismus mit detailreich gestalteten Fassaden, unter anderem mit Skulpturen von Otto Gutfreund und, am Gesims der Fassade zur Národní, der Seefahrtsstatue von Jan Štursa. Die Innenräume, vor allem der Durchgang im Erdgeschoß und der Eingang, sind farbenfroh und reich ausgestaltet.

Zu dieser Art von Baukunst gibt es in Prag weder Vorläufer noch Nachfolger, so daß schwer zu ergründen ist, aus welchen Quellen sie ihre Inspiration bezog. Zumindest fügt sich das Adriatica-Gebäude auf der Ecke von Jungmannova (Jungmannstraße) und Národní harmonisch in die umgebende Architektur ein; es bildet einen scharfen Kontrast zum glatten, weißen ARA-Haus auf der gegenüberliegenden Seite und trägt zu der interessanten und abwechslungsreichen Atmosphäre der Straße bei.

Von Hradčany bis Nové Město

ADRESSE Jungmannova 31/36,
Praha 1 Nové Město
METRO Linien A und B bis Mùstek
STRASSENBAHN 6, 9, 18, 22
ZUTRITT Erdgeschoß, Restaurant in
der 1. Etage und Terrasse geöffnet

Pavel Janák und Josef Zasche 1922-1925

Verwaltungsgebäude der Škoda-Werke

Besonders interessant ist es, zwei unmittelbar benachbarte Bauten zu betrachten und zu vergleichen, die aus der Hand ein und desselben Architekten stammen. Das Verwaltungsgebäude der Škoda-Werke wurde ein Jahr nach dem Adriatica-Palais entworfen; der Unterschied zwischen beiden könnte allerdings kaum größer sein. Anstelle der ungewöhnlichen rondo-kubistischen Motive findet man hier ausgeprägt kubische Formen vor, die regelmäßig angeordnet sind und aus der Fassade hervorspringen. Sie heben sich deutlich von den zurückgesetzten Fenstern ab und erzeugen so ein dreidimensionales Raster, das durch Formvolumen, Licht und Schatten zusätzlich betont wird. Oben am Gebäude befand sich ursprünglich ein skulpturales Relief des Škoda-Markenzeichens, eines geflügelten Pfeils, der von Otto Gutfreund entworfen und bildhauerisch umgesetzt wurde.

Die geradlinigen Formen der Škoda-Fassade kontrastieren mit den floralen Formelementen des Adriatica-Palais. Man gewinnt den Eindruck, die Gebäude wollten einander ausstechen – ein faszinierender Wettstreit, der als unentschieden betrachtet werden muß.

Von Hradčany bis Nové Město

ADRESSE Jungmannova 29/747, Praha 1 Nové Město
METRO Linien A und B bis Müstek
STRASSENBAHN 6, 9, 18, 22
ZUTRITT kein Zutritt

Pavel Janák 1923-1926

Von Hradčany bis Nové Město

Pavel Janák 1923-1926

Urbánek-Haus

Dieses ungewöhnliche Gebäude wurde für den Musik- und Kunstverleger Mojmír Urbánek entworfen und enthält ein Geschäft, einen kleinen Konzertsaal – das Mozarteum –, Büroräume im ersten Stock und Wohnungen in den oberen Geschossen. Ein tiefer, zum einem großen Dreiecksgiebel nach oben abschließender Rahmen umrandet die Konstruktion in ihrer Gesamtheit. Die zur Straße gerichtete Fassade zeigt von oben nach unten eine leichte Abstufung, da die Backsteinflächen, welche die Fenster umrahmen, in jedem höheren Geschoß noch etwas weiter zurückgesetzt wurden. Die Rahmen folgen dieser Zurücksetzung nicht und bauen so mit zunehmender Stockwerkshöhe eine größere Dicke und Komplexität auf. Man gewinnt den Eindruck, die Fassade bestehe aus gegeneinander verschiebbaren Flächen, die wie Scheiben von gigantischen, vierflügeligen Vertikalschiebefenstern in ihren Seitenführungen stecken. Derartige Kreativität belebt die Architektur.

Den Sockel der Fassade schmücken zwei Skulpturen von Jan Štursa, die eine große, horizontal über die gesamte Fassade verlaufende Bürofensterfront stützen. Kotěra vermied hier den kubistischen Baustil, dessen Einfluß jedoch an den vorgewölbten Fenstern und der Gestaltung der Metallelemente erkennbar ist.

ADRESSE Jungmannova 30/748, Praha 1 Nové Město
METRO Linien A und B bis Můstek
STRASSENBAHN 6, 9, 18, 22
ZUTRITT Erdgeschoß geöffnet

Jan Kotěra 1912-1913

Jan Kotěra 1912-1913

Palais Koruna

Der Wenzelsplatz (Václavské náměstí) ist an sich schon eine einzige Architektur-ausstellung. Fast jedes Gebäude an dem 682 Meter langen Platz ist von Interesse. Viele Gebäude aus den unterschiedlichsten Epochen stehen in friedlichem Neben-einander dort, von oben bewacht von Josef Václav Myslbeks Standbild des heiligen Wenzel, an dessen Seite die vier tschechischen Landespatrone stehen.

Das Palais, das im Auftrag der Versicherungsgesellschaft Koruna (Krone) ent-worfen wurde, ist ein harmonischer, in seiner Komposition vom Spätsezessionismus inspirierter Bau. In verschiedener Hinsicht weist es allerdings bereits in zukünftige Epochen. Die dem Jugendstil entlehnten Dekorationen und bildhauerischen Motiven der oberen Geschosse kontrastieren mit der Ausführung des unteren Gebäudeteils mit seinem einfachen, sichtbaren Rahmentragewerk und den großen Glasflächen und Fenstern. Die Statuen auf dem Turm, die die stilisierte Krone stützen, stammen von Vojtěch Sucharda. Das Palais wurde dort errichtet, wo früher das U-Špinků-Haus gestanden hatte, das Prags erstes Café im Wiener Kaffeehausstil beherbergte; in den sechziger Jahren des vergangenen Jahrhunderts war es Treffpunkt von führenden tschechischen Politikern. Ungewöhnlich ist die in bezug auf die Gebäudeecke leicht seitlich versetzte Position des hohen, viereckigen Turms, die der Position des Tur-mes auf dem alten Vorgängerbau entsprechen soll.

Gleich neben der zur Na příkopě (Am Graben) ausgerichteten Gebäudefassade befindet sich ein kleiner Laden mit dem Namen Adam (ehemals Kníže). Er wurde in den dreißiger Jahren von Heinrich Kulka, einem Schüler von Adolf Loos, gebaut. 1992 wurde er umsichtig renoviert, unter anderem mit einer neuen Ladenfront von ADNS (Václav Alda, Petr Dvořák, Martin Němec, Jan Stempel).

ADRESSE Václavské náměstí 1/846, Praha 1 Nové Město
METRO Linien A und B bis Můstek
STRASSENBAHN 3, 9, 14, 24
ZUTRITT Erdgeschoß geöffnet

Antonín Pfeiffer 1911-1914

Antonín Pfeiffer 1911-1914

Kaufhaus Lindt

Mit seinem epochemachenden Baustil ist das Kaufhaus Lindt einer der ersten avantgardistischen Kaufhausbauten Prags. Das Kaufhaus entstand als klare Antwort auf die Anforderungen des Kunden. Der Bau mit seinem gut durchdachten Konstruktionsraster ist in Stahlbeton ausgeführt. Die vertikale Erschließung erfolgt auf einfache Weise durch Aufzüge und Treppen mittig entlang der Brandmauer; eine Passage im Erdgeschoß schafft eine Verbindung zum Jungmannovo náměstí (Jungmannplatz) und ermöglicht so einen guten Publikumszustrom zu dem Gebäude.

Die gekrümmte Oberkante der Hauptfassade verhindert, daß das Kaufhaus allzu hoch erscheint; sie war früher aus Glas, das inzwischen durch Metallbleche ersetzt wurde. Die ununterbrochenen Reihen von dunklen, großflächigen Fenstern in den oberen Etagen schaden allerdings der Gesamtwirkung des Gebäudes, das dadurch vor allem spätabends viel von seiner Wirkung verliert.

Von Hradčany bis Nové Město

ADRESSE Václavské náměstí 4/773, Praha 1 Nové Město
METRO Linien A und B bis Můstek
STRASSENBAHN 3, 9, 14, 24
ZUTRITT Erdgeschoß geöffnet

Ludvík Kysela 1925-1927

Ludvík Kysela 1925-1927

Laternenpfahl

Am besten findet man dieses interessante architektonische Detail, wenn man vom Wenzelsplatz aus die Passage des Kaufhauses Lindt durchquert und dann links abbiegt. Dort stößt man auf einen Laternenpfahl. Das Nebeneinander dieses kubistischen Straßenaccessoires und des gotischen Torbogens mit Dreiecksgiebel (1360-1380), durch den man zum Friedhof der Kirche Maria-Schnee gelangt, dem funktionalistischen Baťa-Haus und dem spätsezessionistisch-kubistischen Apothekengebäude Adam ist typisch für das Prager Stadtbild – unbefangene Kombination und Vermischung der Stile.

Das Apothekengebäude Adam (1911-1913), dessen Hauptfassade zum Wenzelsplatz (8/775) ausgerichtet ist, stammt ebenfalls von Emil Králíček und Matěj Blecha und weist bemerkenswerte, erlesene Details auf. Die Statuen von Adam und Eva an der Stirnfassade sind von Karel Pavlík und Antonín Odehnal. Die Rückseite des Gebäudes nimmt stärker den kubistischen Stil des Laternenpfahls auf.

Ursprünglich wurde der Pfahl dem Architekten Vlastislav Hofman zugeschrieben.

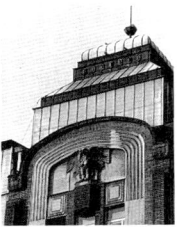

ADRESSE Jungmannovo náměstí,
Praha 1 Nové Město
METRO Linien A und B bis Müstek
ZUTRITT frei zugänglich

Emil Králíček und Matěj Blecha 1912

Kaufhaus Baťa

Das Kaufhaus ist eine Maßanfertigung für Tomáš Baťa (1876-1932), den berühmten Begründer des gleichnamigen Schuhimperiums. Baťas vollautomatisierte Schuhfertigung lag in der mährischen Stadt Zlín. Sowohl in der Schuhfertigung als auch der Architektur förderte er avantgardistische Ansätze; er produzierte, präsentierte und verkaufte nicht nur seine Waren in allermodernsten Gebäuden, sondern brachte auch seine Beschäftigten ebenso modern unter. In den frühen 30er Jahren besaß Baťa bereits 45 Gebäude und hatte 16 000 Beschäftigte, die Tag für Tag 150 000 Paar Schuhe produzierten. Sämtliche Etagen des Schuhkaufhauses waren über Aufzüge und Seitentreppen erschlossen; Korridore waren in den Verkaufsbereichen auf ein Minimum beschränkt. Die Haupttreppe wurde inzwischen durch Aufzüge ersetzt. Die Konstruktion besteht aus einem Stahlbetontragewerk, dessen Pfeiler mit Gußeisen gefüllt sind und in allen Geschossen den gleichen kleinstmöglichen Durchmesser haben. Vordere und rückwärtige Fassade sind fast identisch und ganz mit Glas verkleidet. Die schmalen Deckenstreifen zwischen den durchlaufenden Fensterbändern sind für Werbezwecke mit durchscheinendem weißem Glas abgedeckt. Mit dem gleichen Glas ist die Fassade auch senkrecht an beiden Seiten eingerahmt.

Bei der Renovierung 1990-1992 offenbarte sich die gut durchdachte Konzeption der Bodenplatten. Der Eingang zur Passage im Kaufhaus Lindt wurde geschlossen, womit dieser belebte Ort nun wohl um eine Attraktion ärmer ist. Das Orginalmobiliar aus Stahlrohr und die Inneneinbauten wurden durch recht schwache Imitationen aus den neunziger Jahren ersetzt.

Man sollte den Bau unbedingt einmal in seiner abendlichen Beleuchtung betrachten: eine gigantische Werbung für Schuhe wie für funktionalistische Architektur.

ADRESSE Václavské náměstí 6/774, Praha 1 Nové Město
METRO Linien A und B bis Müstek
STRASSENBAHN 3, 9, 14, 24
ZUTRITT ganz zugänglich

Ludvík Kysela und Baťa-Projektbüro 1927-1929

Kaufhaus Peterka

Mit dem Kaufhaus Peterka schuf Jan Kotěra, der Begründer der modernen tschechischen Architektur, eine subtile Komposition mit weichen Formen im Sezessionsstil. Die Fassade setzt sich aus drei vertikalen Elementen zusammen; die mittlere Auslucht zwängt sich behutsam zwischen die zwei etwas höheren, buchstützenähnlichen Fassadenteile und trägt das Skulpturrelief von Josef Pekárek und Karel Novák. Verschiedene Balkongeländer aus Metall tragen zur Gliederung der nahezu modern gestalteten Komposition bei, deren Entwurf durch Dekorationen mit Pflanzenmotiven des Jugendstils an den oberen Stockwerken ergänzt wird. Die elegante Ausgestaltung der unteren Geschosse samt Eingang und Schaufenstern setzte Maßstäbe für spätere Architekten.

Von Hradčany bis Nové Město

ADRESSE Václavské náměstí 12/777, Praha 1 Nové Město
METRO Linien A und B bis Můstek
STRASSENBAHN 3, 9, 14, 24
ZUTRITT Erdgeschoß geöffnet

Jan Kotěra 1899-1900

Jan Kotěra 1899-1900

Von Hradčany bis Nové Město

Hotel Juliš

Das Hotel ist ein eindrucksvolles Gebäude mit meisterhaft entwickelten Proportionen. Der Aufbau richtet sich nach einem für Prager Hotels typischen Schema: im Untergeschoß ein Kino, im Erdgeschoß eine Konditorei, in der ersten Etage ein Café, darüber die Hoteletagen. Janák öffnete das Café-Interieur durch ein großflächiges Fenster, das wohl größte seiner Zeit, das Aussicht auf den Wenzelsplatz mit seinem regen Verkehr und der lebhafte Atmosphäre bietet.

Die Fassade ist in Stahl und Glas ausgeführt. Der Bauherr wünschte sich zwar ursprünglich eine farbenfrohe Gestaltung in Anlehnung an Janáks rondo-kubistisches Schema des ursprünglichen Erdgeschoßcafés von 1920; Janák konnte Karel Juliš jedoch von einer einfacheren Farbgestaltung überzeugen. Das von hinten beleuchtete, durchscheinende Opaxit-Weißglas, die blaugestrichene Stahlkonstruktion sowie die roten Metall- und Neonschilder entpuppten sich schließlich als einzigartige Kombination, die nicht nur eindrucksvolle nächtliche Beleuchtung (ähnlich wie beim Baťa-Kaufhaus) ermöglicht, sondern auch tagsüber attraktiv wirkt.

ADRESSE Václavské náměstí 22/782, Praha 1 Nové Město
METRO Linien A und B bis Müstek
STRASSENBAHN 3, 9, 14, 24
ZUTRITT ganz geöffnet

Pavel Janák 1928–1933

Von Hradčany bis Nové Město

Pavel Janák 1928-1933

U Stýblů-Haus und Alfa-Passage

Das U Stýblů-Haus ist ein großes Bürogebäude mit Geschäften, einer Passage und einem Kino in Erdgeschoß und Basement. Der Durchgang im Erdgeschoß ist ein weiteres gelungenes Beispiel für eine Prager Passage. Er hat eine ansprechende, in diesem Falle regelmäßig und symmetrisch geformte Überdachung aus Glasbausteinen, die in einen Stahlbetonrahmen eingelassen sind.

Die Fassade zum Wenzelsplatz besitzt zwei rechteckige Ausluchten mit gläsernen Pultdächern, die mit den benachbarten Kreationen Kyselas, der geradlinigen Dachkante des Baťa-Baus und der abgerundeten Glaskante des Kaufhaus Lindt kontrastieren. Leider hat man Werbetafeln installiert, die quer über die Ausluchten verlaufen und die klaren Linien der Fassade zerstören.

ADRESSE Václavské náměstí 28/785, Praha 1 Nové Město
METRO Linien A und B bis Můstek
STRASSENBAHN 3, 9, 14, 24
ZUTRITT Passage zugänglich

Ludvík Kysela und Jan Jarolím 1927-1929

Ludvík Kysela und Jan Jarolím 1927-1929

Grand Hotel Evropa und Hotel Meran

Diese nebeneinanderliegenden Hotels sind Prags besterhaltene Bauten im Sezessionsstil. Die asymmetrisch gestaltete Fassade ist mit zahlreichen Statuen verziert, die vergoldete beziehungsweise aus Messing gefertigte Laternen halten; glasierte Fliesen bilden anmutige Floralornamente des Jugendstils. Sämtliche Details einschließlich der Schilder des Namenszuges sind erhalten und geben ein stimmiges Bild der Epoche wider.

Am besten läßt man das Grand Evropa in Muße auf sich einwirken, setzt sich in das luxuriöse Restaurant oder eines der Cafés im Erdgeschoß oder auf der Galerie, lauscht den Pianoklängen und bewundert die herrlichen Details der intarsienverzierten Vertäfelung, der Mosaike und der farbenfrohen Symbolik der Bilder, die extravagante Leuchtenausstattung und die Fülle der Messinggeländer und anderen Metallobjekte.

Zusammen mit Bedřich Ohmann entwarfen Bedřich Bendelmayer und Alois Dryák auch das Jugendstil-Hotel Central in der Hybernská (Hibernergasse) 10/1001, Praha 1 Nové Město (1899-1901), das ebenfalls einen Besuch lohnt.

ADRESSE Václavské náměstí 25/865-27/825, Praha 1 Nové Město
METRO Linien A und C bis Muzeum
STRASSENBAHN 3, 9, 14, 24
ZUTRITT frei zugänglich

Bendelmayer, Letzl, Hypšman (Evropa); Dryák (Meran) 1903-1905

Von Hradčany bis Nové Město

Mährische Bank

Diese imposante Ecke des Wenzelsplatzes besteht aus drei großen Bauten mit reich gegliederten Fassaden, die ausgeprägte Horizontal- und Vertikalelemente in sich vereinigen – all dies unter einem erlesen und detailreich gestalteten Kupferdach mit integrierten, der Dachform angepaßten Fenstern. Das Gebäude wurde von Matěj Blecha erbaut, dem allerdings möglicherweise Emil Králíček beim Entwurf zur Seite stand. Die Ecke ist von einem ausgefallenen, skulpturähnlichen Hut gekrönt, der wie der Kopf eines Roboters aussieht. Diesen sinnbildlichen Begriff (von tschechisch *robota*, „Arbeit") prägte übrigens der tschechische Künstler und Literat Josef Čapek, dessen Bruder, der Schriftsteller Karel Čapek, ihn in seinem 1921 uraufgeführten Bühnenstück *RUR (Rossum's Universal Robots)* erstmals verwendete. Dekorative Blumen- und Löwenmotive sowie eine Reihe von Kriegerhäuptern mit Kupferhelmen säumen die Fassaden.

Nach der Fertigstellung wurde die überreiche Architektur des Hauses von dem Architekten Otakar Novotný mißverstanden; er kritisierte das lebendige Stück Baukunst scharf als „ein architektonisches Monstrum und einen Koloß des pompösen Manierismus".

ADRESSE Václavské náměstí 38-40/794-795,
Štěpánská 63/626, Praha 1 Nové Město
METRO Linien A und B bis Můstek
STRASSENBAHN 3, 9, 14, 24
ZUTRITT Erdgeschoß geöffnet

Matěj Blecha 1913-1916

Matěj Blecha 1913-1916

Edison-Umspannwerk

Der Entwurf dieses einfach gehaltenen Gebäudes, das an der Ecke eines kleinen, baumumstandenen Parks steht, mutet japanisch an. 1930 wurde Zdeněk Pešáneks Světelná kinetická plastika (Leuchtende kinetische Skulptur) auf dem Dach des eingeschossigen Baus oberhalb der großen Tore aufgestellt. Sie bestand aus weißen Metall- und Glasbauteilen und erwachte nachts zum Leben; ihre Bewegungsabläufe waren auf einem perforierten Papierstreifen gespeichert und wurden durch diesen gesteuert.

Unglücklicherweise ist die Skulptur inzwischen verlorengegangen. Pešánek (1896-1965), Mitglied der Avantgarde-Bewegung Devětsil, war der erste Künstler, der Neonlicht künstlerisch einsetzte. Es wäre sicherlich interessant, dieses Stück Avantgardekunst zu rekonstruieren, um so die Funktion des Gebäudes als Haus der Elektrizität erneut betonen zu können.

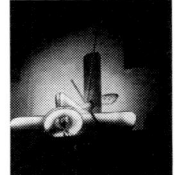

Von Hradčany bis Nové Město

ADRESSE Jeruzalemská 2/1321, Praha 1 Nové Město
METRO Linie C bis Hlavní nádraží
STRASSENBAHN 3, 9, 14, 24
ZUTRITT kein Zutritt

František A. Libra 1926-1930

Von Hradčany bis Nové Město

František A. Libra 1926-1930

Brno-Bank

Von ihrem Erscheinungsbild her gleicht die Brno-Bank dem Geschäfts- und Wohngebäude von Stockar am Jungmannovo náměstí (Jungmannplatz), ist aber wesentlich größer. Gočár arbeitete hier mit dem Bildhauer Karel Dvořák (1893-1950) zusammen und schuf ein recht verhalten rondo-kubistisches Bauwerk. Das Element des Rundmotivs kommt in der abgerundeten Ecke zur Panská (Herrengasse) zum Ausdruck, die jedoch durch den schweren Dachabschluß und den Einsatz von dunklen Farben erdrückt wird.

Die Bank ist ein schweres, massives Gebäude und füllt harmonisch ihren Platz auf der Kreuzung zweier Straßen aus; in der Prager Stadtlandschaft stellt sie einen leicht wiedererkennbaren Punkt dar.

ADRESSE Jindrišská 15/1308, Praha 1 Nové Město
METRO Můstek – Linien A und B
STRASSENBAHN 3, 9, 14, 24
ZUTRITT Erdgeschoß geöffnet

Josef Gočár 1921-1923

Josef Gočár 1921-1923

Habich-Haus

Das Habich-Haus ist ein langes, horizontal in drei Bereiche gegliedertes Gebäude – Verkaufsbereich im Erdgeschoß, darüber drei Büroetagen und schließlich drei Wohnetagen, von denen die oberste Kleinwohnungen, Büros und Ateliers beherbergt. Der rückwärtige Innenhof diente als Parkplatz. Der Bau ist eine mit Isolierstein ausgemauerte und von außen verputzte Stahlbeton-Skelettkonstruktion. Auf der Fassade entstehen interessante Kontraste durch die verschiedenen Funktionsbereiche und das Formenspiel von Vor- und Rücksprüngen, das sich durch die aufeinandergeschichteten Apartments mit ihren Balkonen ergibt.

Ähnlich wie beim Olympiabau von Krejcar hatte Havlíček die Installation von Schildern am Habich-Bau vorgesehen, die an den nichtverglasten Fassadenbändern zwischen den Büroetagen angebracht werden sollten. Dies entsprach der Zielsetzung der Künstlergruppe Devětsil, die das Stadtbild durch bunte Schilder und Neongrafiken beeinflussen wollte. Diese „Poesie der Werbung" ist längst Vergangenheit; durch ihr Fehlen ist eine der Dimensionen des Gebäudes verlorengegangen.

ADRESSE Štěpánská 33/645, Praha 1 Nové Město
METRO Muzeum – Linien A und C
STRASSENBAHN 3, 9, 14, 24
ZUTRITT kein Zutritt

Josef Havlíček und Jaroslav Polívka 1927-1928

Josef Havlíček und Jaroslav Polívka 1927-1928

Wohnhaus mit Passage

Das funktionalistische Gebäude mit Durchgang im Erdgeschoßbereich wurde anstelle des Vorgängerbaus U Hřebeckých (1381) errichtet, durch den ebenfalls eine Passage führte. An der Passage wurden einige Umbauten vorgenommen, bei denen man es an der erforderlichen Sensibilität mangeln ließ; so wurde eine gewölbte Überdachung aus Glasbausteinen zum Teil entfernt und durch moderne Kunststoffoberlichter ersetzt. Erhalten blieben aber die Wandschaukästen mit den abgerundeten, verchromten Stahlrahmen sowie das beeindruckende Glasgeländer und die beliebte Glasummantelung der Aufzüge im Eingangsfoyer zu den Apartments, die in den Obergeschossen liegen.

Von Hrarčany his Nové Město

ADRESSE Štěpánská 36/622, führt zu Ve Smečkách 27/1920,
Praha 1 Nové Město
METRO Muzeum – Linien A und C
STRASSENBAHN 3, 9, 14, 24
ZUTRITT Passage geöffnet

Eugene Rosenberg 1937-1938

Von Hradčany bis Nové Město

Eugene Rosenberg 1937-1938

Palais Lucerna

Das Lucerna-Palais ist einer der ersten Stahlbetonskelettbauten Prags und erinnert von außen an das Haus von Auguste Perret in der Pariser Rue Franklin 25 a (1903). Es handelt sich um ein großes, komplexes Gebäude mit sieben Geschossen über Straßenniveau und vier Untergeschossen; in den oberen Etagen befinden sich Geschäfte, ein Kino, ein Tanzsaal, Büros, Wohnungen und Ateliers, die unteren beherbergen Weinstuben und einen großen Saal.

Auf Straßenniveau verfügt das Haus über eine Einkaufspassage, die sich durch den Komplex schlängelt, Abzweige in verschiedene Richtungen hat – zur Štěpánská, V jámě und zum Wenzelsplatz – und mit weiteren Passagen in Verbindung steht. Durch die Glaskuppel einfallendes Sonnenlicht läßt die noch erhaltenen Metall- und Glasarbeiten an den Ladenfassaden und die herrlich polierten Marmorwände und Marmorböden aufglänzen.

Das Lucerna wurde von Václav Havel (1861-1921), dem Großvater des bekannten tschechischen Präsidenten, erbaut.

Von Hradčany bis Nové Město

ADRESSE Vodičkova 36/704, Praha 1 Nové Město
METRO Linien A und B bis Müstek
STRASSENBAHN 3, 9, 14, 24
ZUTRITT frei zugänglich

Václav Havel und Stanislav Bechyně (Statik)

Von Hradčany bis Nové Město

Gebäudeteil an der Vodičkova 1907-1910, an der Stěpánská 1913-1921

Palais U Nováků

Das Palais U Nováků ist ein Bau im Sezessionsstil, der innen und außen überreich mit Zierat geschmückt ist und ursprünglich ein Kaufhaus war. Die Vielseitigkeit des Fassadenentwurfs in bezug auf Farben, Gliederung, Baustoffe und Formen ist erstaunlich. Man sollte sich Zeit nehmen, die Fassade zur Vodičkova ulice (Wassergasse) eingehend zu betrachten. Die Vodičkova ist eine enge, lebhafte Straße mit viel Straßenbahn- und Pkw-Verkehr; die Gebäude zu beiden Seiten wirken ungewöhnlich hoch und erschweren es dem Betrachter, den architektonischen Facettenreichtum in sich aufzunehmen. Das Mosaik an der Fassade, ein gängiges Merkmal des Prager Jugendstils, ist besonders reizvoll. Es basiert auf einem Entwurf des tschechischen Malers Jan Preisler (1872-1918) und zeigt eine Allegorie von Industrie und Handel. Im Untergeschoß befindet sich eine Varietébühne, die einst vom Osvobozené divadlo (Theater der Befreiung) benutzt wurde und in den dreißiger Jahren bekannte Aufführungen von Voskovec und Werich gab.

Man sollte sich auch zwei weitere interessante Sezessionsbauten anschauen, das Gebäude der Praha-Versicherung und das Topič-Haus in der Národní třída (Nationalstraße) 7/1011 und 9/1010, Praha 1 Staré Město (Altstadt), die ebenfalls von Osvald Polívka stammen (1907-1908). Das Topič-Haus wurde durch einen brutalen Ladenumbau, bei dem die ursprüngliche, dezente Jugendstil-Dekoration des Sockels verschwand, weitgehend verunstaltet.

ADRESSE Vodičkova 30/699, Praha 1 Nové Město
METRO Linien A und B bis Müstek
STRASSENBAHN 3, 9, 14, 24
ZUTRITT frei zugänglich

Osvald Polívka 1902-1903

Von Hradčany bis Nové Město

Von Hradčany bis Nové Město

Osvald Polívka 1902-1903

Geschäfts- und Wohngebäude in der Palackého

Zelenkas Lieblingsbaustoff waren Glasbausteine, wozu ihn vielleicht die Porte-Molitor-Appartements von Le Corbusier (1933) oder das Maison de Verre von Pierre Chareau (1927-1932) inspiriert hatten. Große Glasbausteinflächen verleihen dem Interieur zweifellos eine zusätzliche Dimension, indem sie das Licht verändern und damit den Innenräumen ein leichtes, angenehmes und etwas geheimnisvolles Flair geben. Mit der nach Südwesten weisenden Hausfassade verfügte Zelenka über ideale Voraussetzungen, eine solche Atmosphäre zu erzeugen.

Zelenka war außerdem Bühnen-, Kostüm- und Grafik-Designer; er schuf interessante Entwürfe für Stücke, die im Osvobozené divadlo (Theater der Befreiung) zur Aufführung kamen. Besonders ansprechend waren seine Werbeplakate für die Aero-Automobilwerke, die innovative Sportwagen mit Frontantrieb und Zweitaktmotoren herstellten.

In Národní 30/59, Praha 1 Nové Město (Neustadt), wo sich heute die Galerie Špála befindet, war früher der Sitz des Vilímek-Verlags, für den Zelenka 1938 eine verchromte Ladenfassade aus Stahl mit Neonleuchten entwarf; ihre perforierten Eingangstüren sind nach wie vor die beeindruckendste Eingangslösung aus dem Prag der 30er Jahre.

ADRESSE Palackého 9/718, Praha 1 Nové Město
METRO Linien A und B bis Můstek
STRASSENBAHN 3, 9, 14, 24
ZUTRITT Erdgeschoß zugänglich

František Zelenka 1937

Von Hradčany bis Nové Město

František Zelenka 1937

Diamant-Haus und Bogen

Das Diamant-Haus ist ein Geschäfts- und Wohngebäude mit kubistischen Zügen, die sich zum Beispiel in der Gestaltung der Säulen am Eingang zu den Wohnungen und mit dem Skulpturzierrat auf Dachhöhe zeigen. Das Haus liegt auf der Ecke von Spálená und Lazarská und gleicht in Erscheinungsbild und Detailgestaltung der Mährischen Bank am Wenzelsplatz. Auf keinen Fall sollte man sich die gekonnt aus Metallstäben gefertigten Hauszeichen an der Fassade zur Lazarská entgehen lassen.

Einen weiteren durch Kombination der Stile reizvollen Akzent setzt der kubistische, mit Metallarbeiten verzierte Bogen, der das Barockstandbild des heiligen Johannes von Nepomuk (1717) von Jan Michal Brokoff neben der Dreifaltigkeitskirche von Ottavio Broggio (1712-1713) umrahmt.

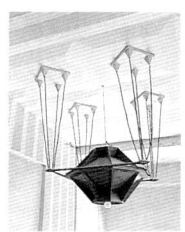

Von Hradčany bis Nové Město

ADRESSE Spálená 4/82,
Praha 1 Nové Město
METRO Linie B bis Národní třída
STRASSENBAHN 6, 9, 18, 22
ZUTRITT Erdgeschoß zugänglich

Emil Králíček und Matěj Blecha 1912-1913

Emil Králíček und Matěj Blecha 1912-1913

Olympia-Haus

Der ursprüngliche Entwurf dieses Hauses stellt ein ruhmreiches Kapitel der tschechischen Architekturgeschichte des 20. Jahrhunderts dar und war der erste wirklich moderne Entwurf für ein Prager Bürogebäude. Die Besonderheiten des Hauses sind heute, da es zwischen seinen Nachbarn eingeengt ist, nicht mehr so deutlich erkennbar wie bei seiner Fertigstellung 1926.

Der Entwurf zeigt unmißverständlich den Begriff des urbanen Lebens, wie er der Avantgarde-Bewegung Devětsil vorschwebte. Die unteren Geschosse beherbergten Geschäfte, Cafés und Restaurants. In den oberen Geschossen befanden sich Büros und Wohnungen. Bei der Gestaltung der Geländer an Dachterrasse und Balkonen stand offenbar die Reling von Schiffen Pate. Gestreifte Markisen über den Fensteröffnungen spendeten Schatten, und auf der noch freiliegenden Brandmauer prangten großflächige Werbeanzeigen in auffälligen Lettern. Solche Motive zählten zu den Mitteln der Devětsil-Bewegung, die der Wirkungskraft der graphischen Gestaltung von Schildern und Parolen und ihren Auswirkungen auf das Leben der Stadtbewohner größte Bedeutung beimaß.

Bei einem kürzlich erfolgten Umbau, bei dem es traurigerweise an der erforderlichen Sensibilität mangelte, wurden die ursprünglichen Interieurs zerstört.

ADRESSE Spálená 16/75, Praha 1 Nové Město
METRO Linie B bis Národní třída
STRASSENBAHN 6, 9, 18, 22
ZUTRITT kein Zutritt

Jaromír Krejcar 1923-1926

Jaromír Krejcar 1923-1926

Haus des Svaz československého díla (tschecho- slowakischer Verband für angewandte Kunst)

Der Bau von Starý und Zelenka enthält eine Kunstgalerie im Untergeschoß, Läden, die im Erdgeschoß und der ersten Etage entlang einer Fußgängerpassage liegen, sowie Büros in den oberen Etagen, die sich alle in die L-Form des Entwurfs fügen und deren Fassaden hinaus zur Národní třída und zu einer kleineren Straße, der Charvátova, gehen. Die Fassade zur Národní wurde im obersten Geschoß deutlich zurückgenommen, um ihr etwas von ihrer Massigkeit zu nehmen und den Planungs- vorschriften der Bauordnung Genüge zu tun. Die Säulen schließen nicht mit den Vorderkanten der Deckenplatten ab, sondern sind etwas eingerückt. Die Fassade ist fast vollständig verglast und wird nur durch das Muster der schmalen Deckenbänder und die dünnen, senkrechten Fensterpfosten unterbrochen. Darin ähnelt sie gestalte- risch Kyselas Entwürfen für die Kaufhäuser Lindt und Baťa.

Der Innenhof der Passage, der am Schnittpunkt beider Gebäudeflügel liegt, hat abgerundete Ecken und ein Glasdach. Der Mittelteil des Daches ist einfahrbar, wodurch zusätzliches Licht einfällt und die Sicht auf die Gebäuderückseite frei wird. Die Ausstattung mit halbrunden Wandleuchten im Stil der Epoche vervollständigt das Gesamtkonzept. Die Fassade zur Charvátova wurde von František Zelenka entwor- fen.

Ein weiteres frühfunktionalistisches Gebäude ist das Chicago-Haus in Národní 32/58 von Josef Havlíček und Jaroslav Polívka (1927-1928), dessen Eingang in der Charvátova liegt.

ADRESSE Národní 36/38, Praha 1 Nové Město
METRO Linie B bis Národní třída
STRASSENBAHN 6, 9, 18, 22
ZUTRITT Geschäfte, Galerie und Passage geöffnet

Oldřich Starý und František Zelenka 1934-1938

Von Hradčany bis Nové Město

Oldřich Starý und František Zelenka 1934-1938

Kaufhaus Máj (heute K-Mart)

Das von der schwedischen Firma NCC International AB aus Solna errichtete Gebäude sticht ins Auge; allerdings wurde es den komplexen Anforderungen der Lage an der Kreuzung mit der Na Perštýně nicht angepaßt. Das Hauptproblem besteht in dem Verhältnis des Gebäudes zur Ecke von Národní und Spálená. Die kahle, diagonal gestreifte Fassade ist zwar in sich reizvoll, in ihren großen Dimensionen erschlägt sie jedoch und wirkt nicht nur unwirtlich auf Fußgänger, sondern auch abweisend im Vergleich zu den gegenüberliegenden Häusern. Die glatte, glänzende Fassade zur Národní springt zwar oben zurück, ist aber dennoch insgesamt zu lang und zu geschlossen, so daß sie mit ihren weißen Fassaden- und Glasflächen die unaufdringliche, verhaltene Straßenatmosphäre empfindlich stört.

Die voll verglaste Rückfront zur Metrostation Národní třída wirkt durch ihr Rolltreppenhaus hinter Glas wesentlich gelungener; Kauflustige können das Stadtleben betrachten, während sie von einem Stockwerk des Kaufhauses zum nächsten bewegt werden. Auch von außen bietet diese Gebäudeseite vor allem abends durch ihre Beleuchtung und die Bewegung ein belebtes Bild.

Von Hradčany bis Nové Město

ADRESSE Národní 26/63, Praha 1 Nové Město
METRO Linie B bis Národní třída
STRASSENBAHN 6, 9, 18, 22
ZUTRITT ganz geöffnet

SIAL: Miroslav Masák, John Eisler und Martin Rajniš 1970-1975

SIAL: Miroslav Masák, John Eisler und Martin Rajniš 1970-1975

Nová Scéna, Nationaltheater

Das Nationaltheater wurde zwischen 1868 und 1881 nach Entwürfen von Josef Zítek erbaut. Das Geld für den Bau wurde im ganzen Land gesammelt, so daß das Theater die Bezeichnung „national" nicht zu Unrecht führt. Schon 1881 wurde das Theater nach einem Brand von Josef Schulz neu aufgebaut und dabei erweitert. Das Innere wurde von führenden tschechischen Künstlern der Zeit prachtvoll ausgestaltet.

Mehrere Wettbewerbe wurden vor dem Zweiten Weltkrieg und nach 1958 ausgeschrieben, weil zusätzliche Räume für das Theater nötig wurden. Von 1977 bis 1981 entwarf und erbaute Pavel Kupka vom staatlichen Institut für Wiederaufbau das südliche Verwaltungs- und Wirtschaftsgebäude und den Ostflügel mit Café und Restaurant. 1980 wurde das von Karel Prager geleitete Prager Bauinstitut beauftragt, diesen Erweiterungsbau zu Ende zu führen.

Der neue Nordflügel beherbergt ein Eingangsfoyer und einen offenen, rechteckigen Publikumssaal. Die Nová Scéna (Neue Bühne) wurde mit 4 306 eigens für diesen Zweck geblasenen, schalldämpfenden Glasbauelementen von 80x60x40 cm verkleidet, die in den Kavalier-Werken (Sázava) hergestellt wurden und von denen jedes 40 kg wiegt. Es gab mehrere Lösungsentwürfe zu der Konstruktion, bevor man sich schließlich für die recht strenge und solide, aber einfache Option entschied. Man könnte meinen, daß der Architekt den monumental dimensionierten, in der Abendsonne faszinierend erglühenden Verkleidungsbaustoff wählte, um die Kunstfertigkeit der böhmischen Glasbläser unter Beweis zu stellen.

ADRESSE Národní 4/1393, Praha 1 Nové Město
METRO Linie B bis Národní třída
STRASSENBAHN 6, 9, 18, 21, 22
ZUTRITT geöffnet während der Vorstellungen

Karel Prager 1980-1983

Hlahol-Haus

Das Haus wurde für den 1861 gegründeten Hlahol-Männerchor entworfen und gebaut. Die bauliche Komposition ist stark vom Wiener Sezessionsstil beeinflußt. Der mittlere, nicht gewölbte Fassadenteil ist von zwei ausgiebiger verzierten Baukörpern mit konvex geformten Balkonen, konkaven Fenstern und Skulpturreliefs eingerahmt. Über dem Türbogen des Haupteingangs zum Saal prangt die Fliesen-mosaikdarstellung eines Phönix; die Holztür ist mit fein geschnitzten, floralen Motiven verziert. Eiserne Innenausstattungselemente und Schilder im Stil der Epoche vervollständigen das Bild. Die Reliefverzierungen stammen von Josef Pekárek, das Mosaik am Hauptgiebel, dessen Ornamente sowohl musikalische als auch andere Motive darstellen, von Karel Mottl.

Drei Tafeln erinnern an berühmte Persönlichkeiten aus der Musikwelt, die mit der Hlahol-Chorvereinigung in Verbindung standen – Karel Bendl, Bedřich Smetana und Karel Knittl. Smetana, bekannt vor allem für seine komische Oper Prodaná nevěsta (Die verkaufte Braut) und den sinfonischen Zyklus Má vlast (Mein Vaterland, 1875-1880), war ab 1862 mehrere Jahre lang Chorleiter des Hlahol-Chors.

Von Hradčany bis Nové Město

ADRESSE Masarykovo nábřeží 16/248, Praha 1 Nové Město
METRO Linie B bis Karlovo náměstí
STRASSENBAHN 17
ZUTRITT kein Zutritt

Josef Fanta, Čeněk Gregor und František Schlaffer 1903-1906

Josef Fanta, Čeněk Gregor und František Schlaffer 1903-1906

Mánes-Haus

Im zwölften Jahrhundert stand an dieser Stelle die Šítkovský-Wassermühle, die 1495 umgebaut und um die städtischen Wasserwerke samt Wasserturm erweitert wurde. Nach mehreren Umbauten blieb nur der alte Turm mit einem barocken Zwiebeldach erhalten, der der Wasserversorgung der städtischen Brunnen diente. 1928 wurde das Areal saniert und ein weißer, funktionalistischer Bau mit Restaurant, Vereinssaal und einer Galerie für die 1887 gegründete Künstlergruppe Manés errichtet. In recht romantischer Weise zollte Novotný den alten Mühlengebäuden Tribut und überbrückte den Fluß zwischen Masarykovo nábřeží (Masaryk-Ufer) und Slovanský ostrov (Slawische Insel). Die Galerie öffnet sich zur geschäftigen Uferseite, während das Restaurant dem Fluß und dem Grün der Insel zugewandt ist.

Unter den modernen Bauten Prags ist der Manés-Bau eines der Lieblingsgebäude von Präsident Václav Havel, der sich gern nostalgisch daran erinnert, wie er in den finsteren Zeiten des Kommunismus in einem Haus an der Rašínovo nábřeží (Rašín-Uferstraße) wohnte und vom tschechischen Geheimdienst observiert wurde, der sich zu diesem Zweck im Dach des alten Wasserturms versteckte.

ADRESSE Masarykovo nábřeží 1/250, Praha 1 Nové Město
METRO Linie B bis Karlovo náměstí
STRASSENBAHN 3, 17
ZUTRITT geöffnet

Von Hradčany bis Nové Město

Otakar Novotný 1927-1930 (erste Entwürfe 1923-1925)

Otakar Novotný 1927-1930 (erste Entwürfe 1923-1925)

Von Vinohrady bis Vyšehrad

Büro-Center Vinohrady

Dieses formvollendete Gebäude war eines der ersten Bürogebäude, das nach der Samtrevolution spekulativ – also nicht für bestimmte Bauherren – errichtet wurde. Hier werden die Probleme von Entwürfen offenbar, die entstehen, wenn die späteren Gebäudenutzer und ihre spezifischen Bedürfnisse noch nicht bekannt sind. Die Architekten konzentrierten ihre künstlerischen Anstrengungen geschickterweise auf die Gestaltung des Äußeren und des Eingangsfoyers und gaben so dem Gebäude eine ausgeprägte Identität. In der Tradition von Loos ist die einfache Blockform mit der abgerundeten Ecke mit einem edlen natürlichen Baustoff – poliertem, graugrünem Granit – verblendet. Sie kontrastiert mit den horizontal durchlaufenden Fensterfronten mit ihrem klarlackierten Holz und betont so die würdevolle Präsenz des Gebäudes.

Der benachbarte Gebäudekomplex an der Ecke Balbínova und Vinohradská ist ein interessanter, funktionalistischer Bau (Bohumil Sláma, 1927-1930), in dem der Tschechische Rundfunk untergebracht ist; die Proportionen des Gebäudes könnten Einfluß auf die Formgebung des Bürocenters gehabt haben.

Man beachte ebenfalls ein weiteres Büroprojekt von ADNS in Anglická 20, Praha 2 Vinohrady, das 1994-1995 entstand.

Ganz in der Nähe, in Francouzská 4/75, Praha 2 Vinohrady, befindet sich Jaromír Krejars Bau für die Vereinigung Selbständiger im Dienstleistungsbereich (1927-1931); in Francouzská 14/175 steht ein interessantes Geschäfts- und Wohngebäude von Josef Mach (1938-1939).

ADRESSE Římská 15/499, Praha 2 Vinohrady
METRO Linie A bis Náměstí Míru
STRASSENBAHN 4, 11, 16, 22
ZUTRITT kein Zutritt

ADNS: V. Alda, P. Dvořák, M. Němec, J. Stempel 1993-1994

ADNS: V. Alda, P. Dvořák, M. Němec, J. Stempel 1993-1994

Landwirtschaftliches Institut

Für die frühen zwanziger Jahre ist die Architektur dieses Baus bemerkenswert schlicht. Mit seinen aufeinandergesetzten Formen und den scharfen, hervorspringenden Ecken und Kanten ist das Gebäude konzeptionell jedoch noch vom Kubismus beeinflußt. Ganz besonders ansprechend wirkt die Gestaltung der schmalen Fassade zur Slezká hin. Das mittlere, großflächige Fassadenfeld mit dem betonten Bauskelett ist von Fensteröffnungen durchbrochen und von Flügeln begrenzt, die ihrerseits von hohen Treppenhäusern flankiert werden. Das hellrote Backstein-Sichtmauerwerk zieht schon von weitem die Aufmerksamkeit auf das Institut, vor allem wenn die Strahlen der Morgensonne auf der Oberfläche glänzen.

Von Vinohrady bis Vyšehrad

ADRESSE Slezká 7/100, Praha 2 Vinohrady
METRO Linie A bis Náměstí Míru
STRASSENBAHN 11, 16
ZUTRITT kein Zutritt

Josef Gočár 1924-1926

Von Vinohrady bis Vyšehrad

Josef Gočár 1924-1926

Sporthalle

Die hohen, schwarzen Säulen kontrastieren in ihrer Paradeaufstellung auf dem Bürgersteig mit der Masse dieses in Weiß gefliesten Baus. Sie wirken wie entschlossen dastehende, stämmige Beine, die in adrette schwarze Hosen gewandet sind. Keramikfliesen waren in den ausgehenden 20er und den 30er Jahren in der Tschechoslowakei ein beliebter Verkleidungsbaustoff, sozusagen ein Markenzeichen ihrer Epoche, und sollten sich als ein sehr dauerhaftes und wartungsfreies Material für den Außenausbau erweisen.

Die Art und Weise, in der die schräg abfallende Dachunterseite die Säulen am oberen Ende abschneidet, läßt die Form des Publikumsraums im Innern erahnen. Das funktionalistische, gekonnt konstruierte Gebäude gewinnt zudem durch die Fensteröffnungen, die die lange Fassade in regelmäßigen Abständen unterbrechen, und durch das am Gebäudeende liegende Treppenhaus mit seinen diagonal aufsteigend angeordneten Fenstern und dem in Gegenrichtung abfallenden Dach.

Das Parkambiente des 1902 angelegten und nach einem tschechischen Politiker benannten Riegerovy sady (Riegerpark) mildert die Scharfkantigkeit der Bauformen ab.

Von Vinohrady bis Vyšehrad

ADRESSE Polská 1/2400, Praha 2 Vinohrady
METRO Linie A bis Jiřího z Poděbrad
STRASSENBAHN 11
ZUTRITT kein Zutritt

František Marek, Zbyněk Jirsák und Václav Vejrych 1938-1946

František Marek, Zbyněk Jirsák und Václav Vejrych 1938-1946

Laichter-Haus

Das Haus vereinte unter seinem Dach einen kleinen Verlag mit der Privatwohnung des Eigentümers, Jan Laichter. In seinem Stil und seiner Schlichtheit ähnelt das Haus anderen Projekten Jan Kotěras aus derselben Periode, der Villa Kotěra in der Hradešínská und dem Urbánek-Haus in der Jungmannova (Jungmannstraße). Das Gebäude ist der Periode des rationalen Modernismus zuzuordnen, einer Architekturströmung, die sich als Reaktion auf die Sezession unter dem Einfluß von Berlage und Wright herausbildete. An der Außenseite kommt die Funktion der Innenräume formell eindeutig zum Ausdruck; als Außenverkleidung bediente man sich des typischen Ziegelsichtmauerwerks. Die Ziegel formen einfache, geometrische Muster; dekorative Elemente sind auf ein Minimum reduziert. Die Gesamtkomposition ist großräumig durch verputzte Simse gegliedert.

Gleich nebenan, in der Chopinova 6/1556, findet man ein interessantes Wohnhaus mit Dekorationen des späten Jugendstils von Bohumil Waigant aus dem Jahr 1910.

Von Vinohrady bis Vyšehrad

ADRESSE Chopinova 4/1543, Praha 2 Vinohrady
METRO Linie A bis Jiřího z Poděbrad
STRASSENBAHN 11
ZUTRITT kein Zutritt

Jan Kotěra 1908-1909

Von Vinohrady bis Vyšehrad

Jan Kotěra 1908-1909

Prager Hauptbahnhof (Hlavní nádraží)

Der auch Präsident-Wilson-Bahnhof beziehungsweise vor dem Ersten Weltkrieg Kaiser-Franz-Josef-Bahnhof genannte Terminal ist ein spätsezessionistischer Entwurf, der sich am Pariser Gare du Nord orientiert. Das Halbtonnengewölbe der Mittelhalle kehrt außen an der Hauptfassade in Form eines großen, verglasten Bogens wieder, der das Tor zur Stadt symbolisiert. Reicher Skulpturenzierat und Motive aus gegensätzlichen Stilrichtungen wurden in wohlüberlegter Synthese zusammengeführt. Zwei Glaskugeln, die die Erde verkörpern, krönen die Spitzen der beiden eckigen Türme rechts und links des verglasten Bogens. Weitere Gebäudeflügel beiderseits der Eingangshalle beherbergen die Eisenbahnverwaltung. Der dahinterliegende Riegerovy sady (Rieger-Park) bildet eine zartgrüne Kulisse. Die Skulpturen stammen von Ladislav Šaloun, Stanislav Sucharda und Čeněk Vosmík.

Heutzutage kann man sich dem Bahnhof leider nicht mehr direkt zu Fuß nähern, da der Weg durch die absurderweise sechsspurig ausgebaute Magistrála (Wilsonova-Straße) abgeschnitten ist. Nun führt der einzige Weg zu dem Gebäude durch die riesige, schmuddelige Halle der Schnellstraßenunterführung, die 1971-1979 von Josef Bočan, Josef Danda, Alena Šrámková und Jan Šrámek gebaut wurde. So bleibt zu Fuß ankommenden Reisenden die beeindruckende Sicht auf den Bahnhof verwehrt, wie Fanta sie sich zu seiner Zeit vorgestellt hatte, als die Gepäckträger vom Eingang mit seinem Glasvordach aus den Zugreisenden Berge von Koffern nachkarrten und die durch die Station schallende Lokomotivpfeife des Berlin-Wien-Express verspätete Reisende zum Bahnsteig rief.

ADRESSE Wilsonova 8/300, Praha 2 Vinohrady
METRO Linie C bis Hlavní nádraží
ZUTRITT frei zugänglich

Von Vinohrady bic Vyšehrad

Josef Fanta 1901-1909

Josef Fanta 1901-1909

Geschäftsgebäude an der Rašínovo nábřeží

Ein sehr umstrittenes 5 000-Quadratmeter-Projekt an der Rašínovo nábřeží (Rašín-Uferstraße), das für das niederländische Bauunternehmen Nationale Nederlanden entworfen wurde und eine der wenigen unbebauten Flächen Prags einnimmt. Die Leerfläche verdankt ihre Entstehung britisch-amerikanischen Bombenangriffen am Ende des Zweiten Weltkriegs. Umfangreiche Diskussionen in Fachkreisen entzündeten sich an der Frage, ob der Bau in das Prager Stadtbild hineinpasse.

Die Hauptbedenken betrafen die Eignung von Gehrys Entwurf als passender Abschluß für den Ufergebäudeblock zum Jiráskovo náměstí (Jirásek-Platz), den Bezug zur Jahrhundertwendearchitektur der benachbarten Wohnbauten und die Fassade zum Fluß hin.

Aufgrund der zwei zylindrischen Baukörper auf der Ecke hat man Gehrys Bau scherzhaft „Ginger Rogers und Fred Astaire" genannt. Von den beiden Zylindern besitzt einer eine doppelwandige, unten ausgestellte Glasfassade, der andere ist eine Massivkonstruktion mit derselben wellenmusterverzierten Fassade, die das gesamte übrige Gebäude aufweist. Das Gebäude wirkt eigenartig und fremd und weist keinerlei Bezüge zur mitteleuropäischen Kultur auf. Mehr als ein Beitrag zum Stadtbild Prags, ist es eine ins Auge springende Werbefläche für seine Erbauer.

ADRESSE Rašínovo nábřeží 80, Praha 2 Nové Město
METRO Linie B bis Karlovo náměstí
STRASSENBAHN 3, 4, 7, 16, 17
ZUTRITT Erdgeschoß und Dachterrassenrestaurant geöffnet

Frank O. Gehry & Associates, Vlado Milunič 1993-1995

Von Vinohrady bis Vyšehrad

Frank O. Gehry & Associates, Vlado Milunič 1993-1995

Kirchturm von Na Slovanech

Die der Jungfrau Maria und den Heiligen Hieronymus, Kyrillos und Methodios geweihte gotische Kirche ist dem von Karl IV. gegründeten Benediktinerkloster Na Slovanech (Bei den Slawen) angeschlossen. Das auch als Emauzy (Emmauskloster) bekannte Bauwerk wurde 1372 geweiht. Im 17. Jahrhundert wurde der ursprünglich gotische Bau im Barockstil umgestaltet und umgebaut, wobei zwei neue Kirchtürme an der Westfassade hinzukamen. Bei dem britisch-amerikanischen Luftangriff vom 14. Februar 1945 wurde die Kirche schwer beschädigt. Zwar nahm man die Wiederinstandsetzung unverzüglich in Angriff, doch wollte man die Entscheidung über die Erneuerung der Türme später, im Rahmen eines Wettbewerbs, treffen.

Nach zwei Serien eingereichter Entwürfe stach Černýs moderne, gewagte Lösung die traditionelleren Vorschläge aus. Der Gedanke der Schalenkonstruktion in Stahlbeton in Form von zwei gekreuzten Flügeln spielt mit ein und derselben Form sowohl auf den ursprüglich einzelnen Turm als auch auf das barocke Turmpaar an. Mit diesem Entwurf wurde das Panorama von Prag um noch einen Turm reicher. Trotz alledem scheint der neue Turm nicht besonders bequem auf dem alten Gemäuer zu sitzen; ein ausladenderer, massiver Sockel hätte der Gesamtkomposition gewiß nicht geschadet.

ADRESSE Vyšehradská 49/320, Praha 2 Nové Město
METRO Linie B bis Karlovo náměstí
STRASSENBAHN 18, 24
ZUTRITT geöffnet während der Gottesdienste

František M. Černý und Vladimír Kamberský 1965-1968

Von Vinohrady bis Vyšehrad

František M. Černý und Vladimír Kamberský 1965-1968

Ministerien für Soziales und Gesundheit

Ein allegorisches, pathetisch wirkendes Denkmal für den berühmten tschechischen Historiker und Patrioten František Palacký von Stanislav Sucharda, zu dem Alois Dryák das architektonische Beiwerk gestaltete (1898-1907), kontrastiert scharf mit der weichen und unaufdringlichen Stuck- und Kalktuffmodellierung der Ministeriumsfassaden, deren Entwürfe Teil des Generalbebauungsplans für den städtischen Platz waren.

1907 schrieb das Prager Planungsamt einen Wettbewerb für die städtebauliche Gestaltung des großen Platzes aus. Die eingereichten Entwürfe beeinträchtigten jedoch den Blick auf das Emmauskloster. In einem zweiten Anlauf vorgelegte Pläne von Vlastislav Hofman (1912) und Bohumil Hypšman (1913) wiesen verbesserte Konzepte auf. Allerdings konkretisierte sich nichts, bis Hypšman 1923 schließlich seinen Vorkriegsentwurf durchsetzen konnte. Der Entwurf gab den Blick auf das Kloster frei, indem er die beiden Ministerien trennte; gleichzeitig sah er die Einrahmung und Abgrenzung des Platzes mit Pergolen, Terrassen und Geländern auf verschiedenen Ebenen vor. Der Platz ist ruhig und lädt zum Rasten ein, doch aufgrund fehlender Geschäfte und Restaurants mangelt es an Zeichen modernen Stadtlebens.

Von Vinohrady bis Vyšehrad

ADRESSE Palackého náměstí 4/375, Na pořičském právu 1/376,
Praha 2 Nové Město
METRO Linie B bis Karlovo náměstí
STRASSENBAHN 18, 24
ZUTRITT kein Zutritt zu den Gebäuden

Bohumil Hypšman 1923-1931

Von Vinohrady bis Vyšehrad

Bohumil Hypšman 1923-1931

Hlava-Institut für Pathologie

Das nach einem Begründer der modernen tschechischen Pathologie, Jaroslav Hlava (1855-1924), benannte Institut umfaßt die Abteilungen für Pathologie, Gerichtsmedizin, Bakteriologie und Autopsie. Bedingt durch die Beleuchtungsanforderungen der Autopsieräume wurde der Gebäudegrundriß in J-Form geplant. Die kurze, gebogene Form des Nordflügels mit ihren vollverglasten, halbkreisförmigen Ausluchten ermöglicht maximalen Lichteinfall ohne direkte Sonneneinstrahlung, wodurch ideale Räumlichkeiten zur Durchführung von Obduktionen entstanden. Ursprünglich waren auch die Dächer der Ausluchten verglast.

Im langen Ostflügel befindet sich ein Hörsaal, der von außen durch einen Vorbau sowie große, in der Höhe abgestufte Fenster zu erkennen ist. Ein bemerkenswert früher rationalistischer Bauentwurf, der auf ideale Weise den Betriebsanforderungen der Pathologie Rechnung trägt.

Von Vinohrady bis Vyšehrad

ADRESSE Studničkova 2-4/2309 II, Praha 2 Nové Město
METRO Linie C bis I. P. Pavlova
STRASSENBAHN 18, 24
ZUTRITT kein Zutritt

Alois Špalek 1913-1921

Alois Špalek 1913-1921

Villa Kovařovič

Unterhalb des Vyšehrad-Felsens (Wyschehrad) liegt eine ungewöhnliche Ansammlung kubistischer Gebäude. Rechts neben der Villa Kovařovič steht die modernistische Villa Sequens von Otakar Novotný (1912-1913), links eine neoklassizistische Villa von Emil Králíček (1912-1913) mit kubistischen Details in der Innenausstattung.

Josef Chochol versuchte stets, mit den neuesten Entwicklungen und Trends Schritt zu halten; damals war es der aus den Bildern Picassos und Braques abgeleitete kubistische Baustil. Über das Gebäude hinaus dehnte er diesen Stil auch auf die Gartengestaltung und die Umfassungsmauern aus, indem er die Fassadenformen der Villa in Blumenbeeten, ebenen Flächen, Stufen, Bepflanzungen, verputzten Backsteinmauern und Metallobjekten wiederholte. Die Dreidimensionalität der Villa wird durch die Gestaltung der seitlichen Fassaden, deren obere Partien man von der Straße aus sehen kann, noch verstärkt. Das unaufhörliche, abwechslungsreiche Spiel von Licht und Schatten auf den pyramiden- und kristallähnlichen Formen moduliert und belebt die Baumasse des Hauses.

Um ihrem Stil Ausdruck zu verleihen, griffen die Architekten des Kubismus zu komplexer Fragmentierung der Formen, doch beschränkte sich das Formenspiel allein auf die Behandlung der Fassaden mit ihren schiefwinkligen Fenstern, Metallgittern, Geschoß- und Wanddekorationen, Dachstrukturen und scharfkantigem Metalldesign. Die Grundrisse wurden im allgemeinen recht konventionell gehalten, damit die Gebäude halbwegs wohnlich blieben. Es wurden jedoch auch beeindruckende Möbelstücke und kunsthandwerkliche Objekte geschaffen, um innen eine Entsprechung zur kubistischen Außengestaltung herzustellen.

ADRESSE Libušina 3/49, Praha 2 Vyšehrad
METRO Linie C bis Vyšehrad
STRASSENBAHN 3, 7, 17
BUS 148
ZUTRITT kein Zutritt

Josef Chochol 1912-1913

Josef Chochol 1912-1913

Wohngebäude in der Neklanova

Abgesehen von dem schweren, auskragenden Dachgesims mit kubistischen Faltwerkmotiven ist die Fassade dieses Wohnhauses schlicht und unaufdringlich. Sie beeindruckt durch den Kontrast zwischen der unterschiedlichen Behandlung von Fassade und Gesims und ist eine sehr verhaltene Version des in derselben Straße gelegenen Hodek-Hauses. Möglicherweise war hier auch der Architekt Josef Chochol beteiligt, und Antonín Belada, der Bauunternehmer war, könnte beim Entwurf des Hauses beratend zur Seite gestanden haben.

Von Vinohrady bis Vyšehrad

ADRESSE Neklanova 2/56, Praha 2 Vyšehrad
METRO Linie C bis Vyšehrad
STRASSENBAHN 7, 18, 24
BUS 148
ZUTRITT kein Zutritt

Antonín Belada 1913

Von Vinohrady bis Vyšehrad

Antonín Belada 1913

Hodek-Wohngebäude

In der Blütezeit des Sezessionismus zu Anfang dieses Jahrhunderts schufen Architekten, Maler und Bildhauer in Zusammenarbeit reich verzierte Gebäude mit Malereien, Mosaiken und Skulpturen in einem gemeinsamen Stil. Unter dem Einfluß der niederländischen und amerikanischen Architektur folgte dieser Periode ein nüchternerer, modernistischer Architekturansatz, der in Böhmen von Jan Kotěra und Otakar Novotný aufgenommen wurde.

Einige tschechische Architekten (Pavel Janák, Josef Gočár, Vlastislav Hofman und Josef Chochol) lehnten sich gegen diese Haltung auf, die ihnen zu simplifizierend vorkam und sie von der Zusammenarbeit mit anderen Künstlern abschnitt. Daher begrüßten sie die kubistische Malerei enthusiastisch als neue gemeinsame Inspiration, die alle Künste erneut zusammenbringen konnte, und gründeten die Gruppe Skupina výtvarných umělců, um ihrem neuen gestalterischen Ansatz Rückhalt zu verleihen.

Chochols Motto „neu gleich besser" machte sein Engagement im Kubismus denkbar intensiv, was am Hodek-Haus unverkennbar zum Ausdruck kommt. Es stellt eine der außergewöhnlichsten kubistischen Schöpfungen dar; die Lage auf der Straßenecke wurde auf ideale Weise ausgenutzt und der Schwerpunkt auf die Gesamtheit der Komposition gelegt.

Eine zartmodellierte, achteckige Säule auf dem Schnittpunkt der beiden Fassaden stützt ein herrliches, regenschirmartiges Dachgesims, das sich von der Ecke aus an der ganzen Länge beider Fassaden entlangzieht und durch die schiefwinkligen Fensteröffnungen und die in plastischen Kristallformen gestalteten, massiven Mauern der Fassaden optisch verstärkt wird.

Von dieser Ecke aus kann man beide Fassaden des Chochol-Baus gleichzeitig betrachten, ganz im Sinne der kubistischen Malerei, in der die Bildgegenstände auf der zweidimensionalen Leinwand von allen Seiten dargestellt wurden, um so den allumfassenden Kunstansatz zu manifestieren. Kubistische Ideen, wie formgestaltete Türen, aus Messing modellierte Stoßleisten an den Treppenstufen, „gefaltete" Tür-

Josef Chochol 1913-1914

knäufe sowie die Detailgestaltung von Fußböden und Wänden, ziehen sich auch durch das Innere der Eingangshalle.

Bis auf die Stellen, an denen der Fassadenentwurf der Straßenseite die Innenräume beeinflußt, sind die Wohnungen schlicht und konventionell. Die Hinterhoffassade wirkt richtiggehend bieder und steif, ja fast puristisch, und gibt dem Haus ein ganz anderes, zweites Gesicht. Chochol hat einer schlichten und bescheidenen Struktur einen kubistischen Mantel übergeworfen. Wer sich im Dekonstruktivismus versuchen will, kann vom Entwurf dieses Bauwerks viel lernen.

Von Vinohrady bis Vyšehrad

ADRESSE Neklanova 30/98, Praha 2 Vyšehrad
METRO Linie C bis Vyšehrad
STRASSENBAHN 7, 18, 24
BUS 148
ZUTRITT kein Zutritt

Josef Chochol 1913-1914

Josef Chochol 1913-1914

Von Vinohrady bis Vyšehrad

Haus von Hodek, Bayer und Belada

Ein für František Hodek, Jan und Josef Bayer und Antonín Belada errichtetes kubistisches „Dreifamilienhaus" am Rašín-Quai, dessen Entwurf die Anlage eines Barockpalais zum Vorbild nimmt.

Der Mittelbau liegt zum Fluß hin; sein großer Ziergiebel und die Skulpturen stehen stilistisch nicht mit dem Kubismus in Einklang. Bei den beiden seitlichen Gebäudeflügeln sind Hauptfassaden und Eingänge zur Seite ausgerichtet. Die wuchtige Fassade aus verputztem Backstein setzt sich in Form des Mauerwerks, das die Gaubenfenster umrandet, bis in das Mansardendach fort. Das Formenspiel wird von den großen, umrahmten Fenstern an der Seitenfassade und der feinen Detailgestaltung der vorkragenden Umrahmungen unterstrichen.

Innen finden sich kubistische Motive in Bodenfliesen und den Dekordecken.

ADRESSE Rašínovo nábřeží 6-10 /
42, 47, 71, Praha 2 Vyšehrad
METRO Linie C bis Vyšehrad
STRASSENBAHN 3, 7, 17
BUS 148
ZUTRITT kein Zutritt

Josef Chochol 1912-1913

Josef Chochol 1912-1913

Žižkov und Vinohrady

Verwaltungsgebäude der Allgemeinen Pensionskasse

Dieser funktionalistische Gebäudekomplex war als einer der ersten in Europa mit einer Klimaanlage ausgestattet. Der Baukomplex setzt sich aus Flügeln von unterschiedlicher Höhe zusammen, die rechtwinklig zueinander stehen und Büros, Geschäfte und Wohnungen beherbergen.

Die beigen Keramikfliesen an der Fassade verleihen dem Komplex eine Aura von Sauberkeit und Präzision. Die durch die Holzrahmenfenster betonte Horizontalität kontrastiert mit den vertikalen Glasbändern an den Fassaden der Flügelenden. Die Mauerwerkbänder zwischen den Fensterreihen sind mit Mosaikfliesen verkleidet. Im Erdgeschoßbereich wurden Details blaßblau gefliest, wodurch das Gebäude bei aller Uniformität doch eine Fülle unterschiedlicher Oberflächenstrukturen und Farbtöne erhält. Das rohrähnliche Dachgeländer wurde so konzipiert, daß man mit ihm die gefliesten Fassaden zu Reinigungszwecken mit Wasser besprenkeln kann.

Es war ein hartes Tauziehen, die vorgesehene Fliesenverkleidung durchzusetzen. Der Bauherr bestand darauf, daß er sich nur einfachen Außenputz leisten könne. Die unmittelbare Nähe zum Bahnhof mit den damals üblichen Dampflokomotiven bereitete den Architekten allerdings Sorgen; sie präparierten deshalb eine Musterfläche mit Außenputz, deckten die Hälfte der Fläche ab und setzten sie einige Wochen der Witterung aus. Bei einer der turbulenten Ortsbesichtigungen gelang es, den Bauherrn zu überreden, sich das Muster anzusehen. Die Architekten legten die weiße Fläche frei: Der offensichtliche Kontrast zu der bereits schmutzig-grauen Fläche ließ den Auftraggeber augenblicklich der Verwendung von Keramikfliesen zustimmen.

ADRESSE Náměstí W. Churchilla 2/1800, 1839, 1840, Praha 3 Žižkov
METRO Linie C bis Hlavní nádraží
STRASSENBAHN 5, 9, 26
ZUTRITT kein Zutritt

Josef Havlíček und Karel Honzík 1929-1933

Žižkov und Vinohrady

Josef Havlíček und Karel Honzík 1929-1933

Nationale Gedenkstätte

Auf diesem Hügel besiegte der berühmte tschechische Kriegsheld Jan Žižka (1360-1424) am 14. Juli 1420 mit Unterstützung der Prager die anti-hussitischen Kreuzfahrerheere von Kaiser Sigismund. Es war eine entscheidende Schlacht gegen die Offensive des Kaisers und führte zu dessen Niederlage. Eingedenk der historischen Bedeutsamkeit wurde das Nationaldenkmal an ebendieser Stelle errichtet.

1913 wurde ein Wettbewerb ausgeschrieben, zu dem auch einige interessante kubistische Vorschläge eingereicht wurden, dessen Ausgang aber letztendlich ungeklärt blieb. Der Bildhauer František Bílek hatte beispielsweise eine zehn Meter hohe Žižka-Statue vorgeschlagen, zu der man über einen Zufahrtsweg mit 20 monumentalen Felsen gelangen sollte.

Nach dem Ersten Weltkrieg wurde Jan Zázvorka zur Realisierung seines Entwurfs ausgewählt. Das Resultat ist ein streng wirkender, granitverkleideter Bau, der in seinem Innern ein Grab für den Unbekannten Soldaten birgt. Im oberen Teil der Gedenkstätte befinden sich Haupthalle, Vorhalle und Galerien, im unteren Teil das Mausoleum, in dem der einbalsamierte Leichnam des ersten kommunistischen Präsidenten der Tschechoslowakei, Klement Gottwald, zusammen mit den sterblichen Überresten seiner politischen Genossen beigesetzt wurde. Das Interieur ist mit Marmor ausgekleidet und mit Reliefs und Mosaiken führender tschechischer Künstler wie Max Švabinský, Karel Pokorný und Jakub Obrovský ausgeschmückt.

Das Reiterstandbild Jan Žižkas von Bohumil Kafka (1878-1942) – mit seinem Gewicht von 16,5 Tonnen wahrscheinlich die größte Bronzeplastik weltweit – wurde 1931-1941 hergestellt und 1950 hier aufgestellt.

ADRESSE Vítkov 1900, Praha 3 Žižkov
METRO Linie C bis Florenc
STRASSENBAHN 5, 9, 26
BUS 133, 168, 207
ZUTRITT zeitweise geöffnet

Jan Zázvorka 1926-1932

Žižkov und Vinohrady

Jan Zázvorka 1926-1932

Herz-Jesu-Kirche

Womöglich ist dieses außerordentliche Bauwerk Plečniks Meisterstück; seine Entwurfsarbeit dazu nahm mehrere Jahre in Anspruch. Plečnik schlug verschiedene Lösungen vor; die erste von 1922 ging von der Vorstellung eines Tempels aus, der dem Athener Parthenon ähnelte und einen zusätzlichen, freistehenden Glockenturm an einer Ecke hatte. Zwecks Baukostenreduzierung war der nächste Entwurf eine einschiffige Kirche mit einem massiveren Turm, für deren Fassadenentwurf Plečnik seine Lieblingsgestaltungsmittel, nämlich halbkreisförmige Bögen und Motive, vorsah. Keiner dieser Entwürfe war jedoch so ausgefallen und originell wie die letzte Version von 1927, mit deren Realisierung zwei Jahre später begonnen wurde.

Die Kirche mit ihrer dunkelbraunen Backsteinummantelung trägt ein Gesims, das einem auf den Kopf gestellten Kragen ähnelt und in das in geometrischen Mustern graue Granitblöcke eingelegt sind. Ein zweites Gebäude in einem anderem Baustil „ragt" gleichsam aus der Fassade heraus. Das nach außen vorkragende Gesims ist ein Detail, das sich in ähnlicher Form auch in den kubistischen Häusern Josef Chochols in Vyšehrad wiederfindet. Die Türportale nehmen die Form des übrigen Gebäudes wieder auf; sie wirken wie Rückseiten priesterlicher Talare und machen das Gebäude zu einer zusammenhängenden Gesamtkomposition. Der ungewöhnliche, massige Turm, der auf einer von der Laubkova-Straße gebildeten Mittelachse steht, ist über 42 Meter hoch. Die großflächigen und übersichtlichen, verglasten Zifferblätter der Uhr mit einem Durchmesser von 7,6 Metern lockern die Masse des Turms auf. Uhr und Glocken sind über eine gewagte, dünne Stahlbetonrampe zu erreichen.

Das Kircheninnere ist einschiffig ausgeführt und hat rote, von vergoldeten Kreuzen gezierte Backsteinwände, die von regelmäßigen Pfeilern gegliedert sind. Unterhalb der polierten Kassettendecke aus Holz sorgen Obergadenfenster über dem weißen Laufgang für Lichteinfall ins Kirchenschiff. Der Boden des Schiffs besteht aus Terrazzo-Rundmustern in Grau und Rot und rechteckigen Marmorblöcken. Die sechs Statuen der tschechischen Schutzheiligen und die mittlere Skulptur an der

Jože Plečnik 1922-1933

Žižkov und Vinohrady

Jože Plečnik 1922-1933

Wand über dem Hauptaltar, die das Herz Jesu darstellt, wurden von Plečnik entworfen und von dem Bildhauer Damian Pešan ausgeführt. Die tunnelartige Krypta ist mit behauenem Backsteinmauerwerk ausgekleidet und hat Lichtschächte, die Verbindung zum Boden des Kirchenschiffs haben. Der Bau der Kirche wurde – wie auch Plečniks Projekte an der Prager Burg – von Otto Rothmayer betreut.

Man muß das Gebäude einige Male umrunden, um seine vielschichtige Ausstrahlung und die sich ständig verändernden Formen und Farben der Fassade wahrzunehmen, die ganz vom Standpunkt des Beobachters und von der Tageszeit abhängen.

Žižkov und Vinohrady

ADRESSE Náměstí Jiřího z Poděbrad,
Praha 3 Vinohrady
METRO Linie A bis Jiřího z Poděbrad
STRASSENBAHN 11
ZUTRITT geöffnet während der Gottesdienste

Jože Plečnik 1922-1933

Žižkov und Vinohrady

Jože Plečnik 1922-1933

Das Grab Franz Kafkas

Mit dem Besuch der Grabstätte erweist man einem der größten Literaten Prags die Ehre. Der kristallförmige Grabstein des Schriftstellers steht nicht nur für die Person Franz Kafkas (1883-1924), sondern gleichermaßen für ein anderes Prager Phänomen: die kubistische Architektur. Der Stein weist eine architektonische Kreativität auf, die heute nur noch selten zur Anwendung kommt.

1911 benannte der Architekt Pavel Janák zwei formgebende Kräfte in der Natur: die horizontale Wasseroberfläche und die vertikale Richtung der Schwerkraft. Andere, kompliziertere Formen werden durch eine dritte, diagonal ansetzende, der Materie innewohnende Kraft geschaffen. Das beste Beispiel für diese Kraft ist die Kristallbildung. Die in den Kristallen konzentrierte Kraft ist so stark, daß sie die Schwerkraft überwindet. Während vertikale und horizontale Ebenen Ruhe und Gleichgewicht symbolisieren, gehen die aus diagonalen Linien bestehenden Formen aus dramatischeren Prozessen und der komplexen Vereinigung von Kräften hervor. Mit ihrer Hilfe können Dinge beseelt und Spannungen vermittelt werden.

Keine andere Form als die des Kristalls – mit all der in ihr vereinigten Energie und den ihr innewohnenden Geheimnissen – hätte die komplizierte Persönlichkeit Kafkas besser symbolisieren können.

Ich war überrascht, als ich entdeckte, daß mein Urgroßvater, der auch 1924 starb, Kopf an Kopf mit dem Schöpfer des Josef K. begraben liegt. Prag ist eben doch eine kleine Stadt.

ADRESSE Židovské hřbitovy, Nad vodovodem 1/ 712, Grabstelle Nr. 21 14 33, Praha 3 Žižkov

METRO Linie A bis Želivského

STRASSENBAHN 11, 16, 19, 26

ZUTRITT sonntags bis donnerstags, September bis März, 8.00-15.00 Uhr, April bis August, 8.00-16.00 Uhr; Männer werden zum Tragen einer Kopfbedeckung angehalten

Leopold Ehrmann 1924

Žižkov und Vinohrady

Leopold Ehrmann 1924

Von Podolí bis Hodkovičky

Wasserwerk

Antonín Engel war einer der wenigen Prager Verfechter der klassizistischen Architektur, und das Wasserwerk veranschaulicht deutlich die Spannungen zwischen Moderne und Konservativismus. Es ist ein ungewöhnlicher, massiver Gebäudekomplex, eine Mischung aus Traditionalismus mit einem Anflug von Moderne, wie zum Beispiel der Verwendung von Glasbausteinen, die nachts leuchten und das Flußwasser reflektieren und tagsüber das vorbeiziehende Straßenleben widerspiegeln. Der ständig, fast zu häufig wiederkehrende Rhythmus der klassischen, umlaufenden Säulen verleiht den Fassaden eine geordnete Struktur und belebt sie gleichermaßen. Er wiederholt sich in den oberen Etagen in Form von flacheren Pfeilern und kreisförmigen Fensteröffnungen. Durch die Skulpturen am Gesims wirkt das Gebäude wie ein Dom, der eine heilige Quelle umschließt.

Von Podolí bis Hodkovičky

ADRESSE Podolská 17/15, Praha 4 Podolí
STRASSENBAHN 3, 17
ZUTRITT kein Zutritt

Antonín Engel 1923-1928

Von Podolí bis Hodkovičky

Antonín Engel 1923-1928

Schwimmstadion

Das Stadion wurde auf dem Gelände eines alten Steinbruchs errichtet. Ein elegant geschwungenes Dach bedeckt eine Schwimmhalle mit einem 20 x 50 Meter-Becken und Sitzplätzen für 700 Besucher und bietet zugleich 4 500 Tribünenplätze an zwei Freiluftschwimmbecken. Die plastische Anordnung der Sprungbretter sowie anderer dekorativer Kunstwerke verleiht der großen, gefliesten Fläche zwischen den Schwimmbecken und anderen Sportanlagen ihren Reiz. Ein beliebter Platz, nicht nur zum Schwimmen, sondern auch zum Entspannen und Genießen von Sonnenuntergängen.

Von Podolí bis Hodkovičky

ADRESSE Podolská 74/43, Praha 4 Podolí
STRASSENBAHN 3, 17
ZUTRITT montags bis freitags 6.00-22.00 Uhr,
samstags und sonntags 8.00-22.00 Uhr

Richard F. Podzemný und Gustav Kuchař 1958-1965

Richard F. Podzemný und Gustav Kuchař 1958-1965

Wasserturm

Ein frühes Beispiel anspielungsreicher Industriearchitektur in einem Entwurf von bemerkenswerter Qualität. Einige Elemente wurden mit designerischem Fingerspitzengefühl bearbeitet. Das Mauerwerk ist meisterhaft ausgeführt und stark gegliedert. Auf kurze, dicke Säulen gestützt, rahmt ein Rundbogen die Eingangstür. Die Hauptpfeiler des Gemäuers ragen bis unter den Wassertank hinauf, wo sie in „Schlitzen" an der Unterseite des Behälters verschwinden und in ihrer Position gehalten werden. Den krönenden Abschluß des Gesamtbauwerks bildet das hübsche, helmförmige Dach.

Von Podoli bis Hodkovičky

ADRESSE Hanusova 5/1121, Praha 4 Michle
METRO Linie C bis Budějovická
BUS 118, 124, 134, 157, 178, 190, 192, 193
ZUTRITT kein Zutritt

Jan Kotěra 1906-1907

Von Podolí bis Hodkovičky

Jan Kotěra 1906-1907

Villa Langer

Diese schlichte Villa wurde für den Dramatiker, Soldat und Arzt František Langer (1888-1965) geschaffen. Der Architekt und Schriftsteller Karel Honzík nimmt in seiner theoretischen Abhandlung zum Bau kleinerer Privatbauten Stellung:

„So wie der Krieg einen gewaltigen Fortschritt für Wissenschaft und Industrie brachte, wurde die Villa zum Versuchslabor für neue Bautechniken und -materialien und bot die Möglichkeit, sich in der Baukunst zu üben und sie zu verbessern. Die speziell beim Bau von Villen auftretenden Probleme von Grundriß und Funktionalität sind ein Brennpunkt architektonischer Arbeit geworden; sie finden bei der Planung größerer Bauwerke Anwendung und werden in Zukunft die Grundlage einer neuen architektonischen Methodologie bilden. Die meisten modernen Villen wurden für Angehörige der intellektuellen Klasse gebaut, die sich der Notwendigkeit bewußt waren, dem Architekten bei der Suche nach den Bauformen zur Seite zu stehen, die am besten den elementaren Bedürfnissen des Lebens innerhalb des Hauses entsprachen."

Von Podolí bis Hodkovičky

ADRESSE Nad cementárnou 23/331, Praha 4 Podolí
METRO Linie C bis Pražského povstání
STRASSENBAHN 3, 17
ZUTRITT kein Zutritt

Karel Honzík 1929-1930

Karel Honzík 1929-1930

Villa Dvořák

Wie ein Edelstein in einem Meer von lauter Kieselsteinen hebt sich diese kastenförmige, weißgetünchte Villa von den umliegenden protzigen, gestalterisch übertriebenen Häusern ab. Die Konzeption für dieses kleine Familienhaus mit wohlüberlegt angeordneten Öffnungen in der weißen, soliden Kubusform und klarer Raumanordnung steht in der Tradition der Architektur Mies van der Rohes. Wohnzimmer, Küche, Bad und zwei kleine Schlafzimmer liegen in der oberen Etage. Vom Garten aus gelangt man über eine kurze Stahltreppe in die Eingangsebene, während sich auf der unteren Ebene ein Atelier, ein Gäste- und ein Allzweckraum befinden. Der Eigentümer, ein Maler, baute die Villa eigenhändig nach Plänen von Jan Kaplický.

Ein weiteres Werk von Jan Kaplický in Prag (abgesehen von dem Mahnmal für die Opfer des Kommunismus; siehe Seite 36) ist eine konkave Gedenktafel zu Ehren von Franz Kafka (1966), die an Kafkas Geburtshaus an der Maiselova (Maiselgasse)/Ecke Staroměstské náměstí (Altstädter Ring), in Praha 1 Staré Město (Altstadt), hängt.

Von Podolí bis Hodkovičky

ADRESSE Na Dobešce 1/1239, Praha 4 Bráník
STRASSENBAHN 3, 17
BUS 124, 178
ZUTRITT kein Zutritt

Jan Kaplický 1967

Jan Kaplický 1967

Villa Frič

Zugänglich nur über eine steile, schmale und stark bewachsene Auffahrt, wirkt diese Villa wie ein stromlinienförmiges Schiff, das durch die Gärten der Umgebung gleitet. Der Architekt Ladislav Žák ließ sich immer wieder von den Formen von Ozeandampfern und Flugzeugen inspirieren. Im oberen Stockwerk liegen die miteinander in Verbindung stehenden Wohn-, Eß- und Arbeitsbereiche. Von einer Außenterrasse mit Wintergarten hat man Zugang zum Speisezimmer und einer kleinen Küche. Die Schlafräume befinden sich im Erdgeschoß, an das sich zum Garten hin eine Terrasse anschließt. Die vor 60 Jahren von Žák entworfenen Möbel und Einrichtungsgegenstände sind noch immer vorhanden, bedürfen allerdings der Restaurierung.

Der Regisseur und Schauspieler Martin Frič (1902-1968) war in den 30er Jahren die gefragteste Persönlichkeit in der tschechischen Filmbranche. Seine Büste ist im Eingangsbereich von Max Urbans Barrandov-Filmstudios zu sehen.

Von Podolí bis Hodkovičky

ADRESSE Na lysinách 15/208,
Praha 4 Hodkovičky
BUS 121
ZUTRITT kein Zutritt

Ladislav Žák 1934-1935

Ladislav Žák 1934-1935

Von Smíchov bis Hlubočepy

Sprachtherapeutische Klinik

Durch Umwandlung und Erweiterung einer von Josef Falout entworfenen Familienvilla (1930-1931) erhielt Prag mit diesem kleinen Gebäude ein interessantes, modernes öffentliches Bauwerk. Die Villa wurde zur rechten Seite hin erweitert und mit einem weißen Gitterwerk im Stil Mies van der Rohes überzogen, um die horizontale mit der vertikalen Ebene zu vereinen. Das attraktive Tonnengewölbe aus Glas, das sich über den Hof im Eingangsbereich spannt, markiert den Ausgangspunkt eines Wegs durch das Gebäude, der quer durch die Eingangshalle und ein gut ausgestattetes Spielzimmer bis hin zum Garten verläuft. Dessen Verlängerung auf einem erhöhten Metallgitterlaufsteg eröffnet an seinem Ende einen traumhaften Blick über die Stadt.

Im Garten ragt ein windbetriebenes Karussell aus einer mit Pflaster ausgekleideten Senke und sorgt für Bewegung und Farbe in der kühlen, schlichten Szenerie.

Von Smíchov bis Hlubočepy

ADRESSE U Mrázovky 15/1970,
Praha 5 Smíchov
METRO Linie B bis Anděl
STRASSENBAHN 4, 7, 9
BUS 137
ZUTRITT kein Zutritt

D. A. Studio: Martin Rajniš und Mitarbeiter 1984-1987

D. A. Studio: Martin Rajniš und Mitarbeiter 1984-1987

Villa Winternitz

Die Villa Winternitz ist eine relativ unbekannte Loos-Villa in Prag und wirkt wie das Gegenteil der Villa Müller in Střešovice. Später erbaut, überwiegt bei dieser Villa zweifellos die Außengestaltung und -formgebung, vielleicht auf Kosten der innenarchitektonischen Qualität, die sonst typisch für Loos ist. Eine Zeitlang wurde sie als Kindergarten genutzt, weshalb man die Räume den Bedürfnissen und Aktivitäten der Kinder anpaßte; die Fenstergitter zeugen noch von der Nutzungsänderung.

Seltsamerweise scheint die Villa keine Notiz von dem wunderschönen Ausblick zu nehmen, den man von ihrer Rückseite aus auf Prag hat, denn ihre Hauptfassade und die Wohnbereiche liegen – der Straße zugewandt – auf der wärmeren Südseite. Die symmetrischen Hauptbaukörper des Gebäudes sind untereinander verzahnt und greifen wie Teile eines dreidimensionalen Puzzles ineinander. Die gitterartige Konstruktion über der südlichen Dachterrasse komplettiert den massigen Eindruck des Hauses und sorgt für die entsprechenden Proportionen; durch sie gewinnt die Gestaltung des Dachs an Reiz.

Das eineinhalb Stockwerke hohe Wohnzimmer verläuft über die gesamte Breite der Villa und hat drei hohe Fenster zum Garten. Eine halbe Ebene höher befinden sich Räumlichkeiten, die früher als Speisezimmer und Rauchsalon dienten, durch Spiegel und Öffnungen optisch miteinander verbunden sind und von denen aus man in das Wohnzimmer sehen kann. Schlaf- und Gästezimmer lagen in den oberen Stockwerken.

ADRESSE Na Cihlářce 10/2092, Praha 5 Smíchov
METRO Linie B bis Anděl
STRASSENBAHN 4, 7, 9
BUS 137
ZUTRITT kein Zutritt

Von Smíchov bis Hlubočepy

Adolf Loos und Karel Lhota (Statik) 1931-1932

Von Smichov bis Hlubočepy

Adolf Loos und Karel Lhota (Statik) 1931-1932

Villa Jíše

Diese großartige Villa liegt unterhalb des Děvín-Hügels, der einen herrlichen Blick über das Prager Tal in nordöstlicher Richtung bietet. Das dreistöckige Haus, das man im Hochparterre betritt, wurde mit großen Wohn- und Eßzimmern in doppelter Raumhöhe ausgestattet, die von der Obergeschoßgalerie der Treppe aus einzusehen sind. Vom Eßzimmer aus kann die außerhalb des Hauses verlaufende Wendeltreppe aus Stahlbeton betreten werden, die in einen steil abfallenden Garten führt. Pate stand möglicherweise eine ähnliche, von Le Corbusier für den Bau der Villa Ozenfant (1923) verwendete Treppe. Die ursprünglich offene Terrasse des oberen Stockwerks hat eine leicht nach außen geneigte, massive Brüstung mit Aussparungen, ist jetzt aber durch Fenster geschlossen.

Die Hauptkonstruktion besteht aus einem Stahlbetonskelett mit 30x30 Zentimeter starken Säulen, zwischen die vor Ort gegossene und ineinandergreifende Beton-Hohlblocksteine gesetzt wurden. Das gesamte Gebäude wurde mit weißem Zement und feinem Marmorsplitt verputzt.

Von Smíchov bis Hlubočepy

ADRESSE U Dívčích hradů 20/1905,
Praha 5 Smíchov
METRO Linie B bis Radlická
BUS 231
ZUTRITT kein Zutritt

Josef Havlíček und Karel Honzík 1929

Von Smíchov bis Hlubočepy

Josef Havlíček und Karel Honzík 1929

Wasserturm

Die drei zylindrischen Wassertanks, die sich um eine bis zur Spitze des Bauwerks reichende Wartungstreppe gruppieren, bringen die Funktion des 53 Meter hohen Turms deutlich zum Ausdruck. Das Treppenelement ist durch die Verkleidung aus gläsernen U-Profilen hindurch sichtbar und besonders betont, während die durchgehenden, röhrenförmigen Tanks mit hellblauen und beigefarbenen Aluminiumprofilen verkleidet und von kleinen, kupferüberzogenen Kuppeln abgedeckt sind. Die Gestaltung der Eingangstür am Fuß des Turms entlehnt ihre formale Sprache dem Wasserturm von Kotěra in Michle.

Vom Moldautal aus blickend ist man überrascht, wie deutlich der Turm aus der Entfernung als ein Wahrzeichen und Symbol der Wasserbautechnik erkennbar ist.

Von Smíchov his Hlubočepy

ADRESSE Pražské vodárny, Tetínská, Praha 5 Radlice
METRO Linie B bis Radlická
BUS 231
ZUTRITT kein Zutritt

SIAL: Karel Hubáček und Zdeněk Patrman 1974-1975

SIAL: Karel Hubáček und Zdeněk Patrman 1974-1975

Barrandov-Filmstudios

Neben seinem Beruf als Architekt war Max Urban auch Regisseur und Kameramann. Mit seiner Frau, der Schauspielerin Anna Sedláčková, gründete er *asum*, eine der ersten tschechischen Filmgesellschaften. Vor dem Ersten Weltkrieg drehte er Filme und schrieb Drehbücher für diese Gesellschaft. 1931 plante er auf dem Barrandov-Hügel einen Filmstudio-Komplex, der nach rein funktionalen Gesichtspunkten der Filmproduktion gestaltet werden sollte.

Mittelpunkt des Gebäudekomplexes bilden zwei 20x32 Meter große Studios, die nach damaligen Begriffen die optimale Größe für die Produktion von Filmen hatten. An die Studios schließen sich Bürogebäude, Entwicklungslabore, ein Kopierwerk und ein Voraufführungskino an. Der Turm in der Mitte ist nicht nur Blickfang, sondern dient auch als Wasserspeicher. Noch heute werden die Studios von der tschechischen Filmindustrie genutzt – ein Beweis für zweckmäßige Konstruktion und angemessene Funktionalität.

Von Smíchov bis Hlubočepy

ADRESSE Kříženeckého náměstí 5/322, Praha 5 Hlubočepy
BUS 105, 192, 246, 247, 248
ZUTRITT kein Zutritt

Max Urban 1931-1934

Max Urban 1931-1934

Villa in der Barrandovská

In diesem Teil Prags gibt es einige interessante Luxusvillen, für die diese von Vladimír Grégr ein gutes Beispiel ist. Grégr beschäftigte sich mit der Konstruktion stromlinienförmiger Fahrzeuge – wie den *Slovenská Strela*, einen Triebwagen –, die vom innovationsfreudigen Autohersteller Tatra produziert wurden. Dieses Interesse übertrug Grégr auf seine Architektur, in der sich Elemente aus der Verkehrstechnik wiederfinden. Seine Bauten plante er mit abgerundeten Ecken und weichen, manchmal gar welligen Fassaden und schuf so aerodynamische Formen, von denen man fast meinen könnte, sie seien in der Lage, sich durch Prags dichte Atmosphäre zu bewegen.

Weitere Villen von Vladimír Grégr stehen in der Barrandovská 16/177 (1930-1932), 17/444 (1939-1941), 20/190 (1932), 25/307 (1936) und in der Skalní 10/327 (1932-1933).

ADRESSE Barrandovská 46/180, Praha 5 Hlubočepy
BUS 105, 192, 246, 247, 248
ZUTRITT kein Zutritt

Vladimír Grégr 1931-1932

Von Smíchov bis Hlubočepy

Vladimír Grégr 1931-1932

Restaurant Barrandov

Dieses Restaurant entstand im glamourösen Umfeld der tschechischen Filmindustrie; hier entspannten sich Schauspieler, Schauspielerinnen, Regisseure und Produzenten nach langen Drehs in den umliegenden Studios. Es war als Attraktion für die Prager gedacht, die an den spektakulären Ort auf einem Kalkfelsen hoch über dem Moldautal gelockt werden sollten, der nach dem französischen Geologen J. Barrandov benannt ist. Eine Zeitlang ging es hier äußerst lebhaft zu: Wer in Prag etwas auf sich hielt, mußte sich auf den Terrassen vor dem Hintergrund dieses prächtigen, weißverputzten Bauwerks zeigen und sich unter die Stars mischen. Diese Zeit liegt nun schon lange zurück; heute steht das Restaurant im scharfen Wettbewerb um gelegentliche Besucher mit der Konkurrenz aus dem historischen Kern Prags.

Von Smíchov bis Hlubočepy

ADRESSE Barrandovská 1/165, Praha 5 Hlubočepy
BUS 105, 192, 246, 247, 248
ZUTRITT geöffnet

Max Urban 1929, Umbau von Vladimír Grégr 1939

Max Urban 1929, Umbau von Vladimír Grégr 1939

Schwimmbad, Barrandov

Weit unterhalb des Restaurants Barrandov liegt ein großes Schwimmbecken, das jetzt völlig mit Bäumen und Büschen zugewachsen ist, deren Wurzeln sich durch den bröckelnden Beton kämpfen. Von der linken Seite des Restaurants aus führt ein befestigter Weg am Rand des Felsens entlang zum Schwimmbad hinunter.

Das Schwimmbecken, die erste Freiluft-Schwimmanlage für nationale Wettkämpfe, war ein großer Stahlbetonbau, den man in eine Senke am Fuß des Felsens gesetzt hatte. Die Zuschauerplätze befanden sich unterhalb der Felswand auf der westlichen Seite. Durch seine einfache Form und die Treppe, die sich um die einzige tragende Säule windet, ist der Sprungturm die spektakulärste Konstruktion. Václav Kolátor entwarf den Gesamtkomplex und spezialisierte sich nach diesem Experiment auf Schwimmbadprojekte.

Der Turm war so fotogen, daß er zum Symbol seiner Ära und als solches von Karel Teige, einem Gründungsmitglied von Devĕtsil, in einer Collage (1941) verwendet wurde. Auch die Startblöcke mit den durch das Moos schimmernden roten Nummern sind ein reizvoller Anblick.

Von Smíchov bic Hlubočepy

ADRESSE Barrandovská 1/165, Praha 5 Hlubočepy
BUS 105, 192, 246, 247, 248
ZUTRITT frei zugänglich

Václav Kolátor 1929-1930

Von Hradčany bis Ruzyně

Villa Bílek

František Bílek (1872-1941) war ein Maler und Bildhauer der tschechischen Sezession mit einer Tendenz zum Expressionismus und Symbolismus. Er stilisierte den menschlichen Körper, Tiere und Pflanzen, indem er sie in Ornamente verwandelte. In seiner aktivsten Zeit wandte er sich der Architektur zu, weil er erkannte, daß diese Schaffensform die Steigerung aller anderen Künste war und sie alle in sich vereinte. Er entwarf seine eigene ungewöhnliche Villa sowie die Nachbarsvilla Procházka (Mickiewiczova 3/234, 1910-1911; siehe Abbildung gegenüber). Mit dem Entwurf der Villa Bílek (unten abgebildet) empfand er ein Weizenfeld nach; die Betonsäulen stehen für die reifen, halbhoch gewachsenen beziehungsweise geschnittenen Halme und stellen den Kontrast zu der roten Erde in Gestalt der Backsteine und zu den Stämmen der rund um das Haus wachsenden Bäume her.

Bílek beabsichtigte, ein Atelier zu schaffen, das gleichzeitig auch seine Kunstgalerie sein sollte. Das Gebäude ist eine der ersten Flachdachkonstruktionen Prags. 1963 stellte Bíleks Frau die Villa der Prager Kunstgalerie zur Verfügung, und drei Jahre später wurde eine ständige Ausstellung mit Bíleks Werken dort eingerichtet.

Von Hradčany bis Ruzyně

ADRESSE Mickiewiczova 1/233,
Praha 6 Hradčany
METRO Linie A bis Hradčanská
STRASSENBAHN 18, 22
ZUTRITT geöffnet 15. Mai bis 15. Oktober,
dienstags bis sonntags 10.00-12.00 Uhr
und 13.00-18.00 Uhr

František Bílek 1910-1911

Von Hradčany bis Ruzyně

František Bílek 1910-1911

Hofmann & Stach-Doppelhaus

Eine kubistische Doppelhaus-Anlage mit einer statischen, massiven Ausstrahlung. Etwas Bewegung entsteht durch die „rotierenden Zylinder" über den Verandaeingängen, die das Treppenhaus ummanteln. Bewegung wird auch durch die Fenster angedeutet, die – parallel zum Treppenlauf – aufsteigend angeordnet sind. Um dem Gebäude Substanz und Gewicht zu verleihen, schloß Gočár das Bauwerk mit einem Mansardendach ab. Sehr beeindruckend wirken die stämmig-kurzen Säulen, die den Seitenerker von Nummer 6 stützen, in Kombination mit den kubistischen Wasserspeiern auf Dachhöhe und den verdrehten Metallstäben vor den Fenstern im Erdgeschoß.

Ursprünglich waren die Häuser von einem speziell angefertigten Holzzaun umgeben, der dem kubistischen Stil des Gebäudes entsprach. Dieser wurde durch eine ziemlich schlechte Nachbildung aus Metall ersetzt. Ein hübsches, kubistisch geprägtes Gartenhäuschen hat bis heute im Garten der Nummer 4 überlebt.

Von Hradčany bis Ruzyně

ADRESSE Tychonova 4-6/268, 269,
Praha 6 Hradčany
METRO Linie A bis Hradčanská
STRASSENBAHN 22
ZUTRITT kein Zutritt

Josef Gočár 1911-1913

Von Hradčany bis Ruzyně

Josef Gočár 1911-1913

Villa Sucharda

In diesem kleinen Teil des Stadtviertels Bubeneč gibt es eine Reihe außergewöhnlicher Villen. Außer der Villa Sucharda stehen in der Slavíčkova weitere interessante Häuser, so beispielsweise stammt die Nummer 7/196 von Karel Mašek (1901), Nummer 9/173 von Gustav Papež (1899) und Nummer 17/153 von Jan Koula (1895-1896). Gleich um die Ecke, in der Suchardova 4/284, steht ein Märchenschlößchen (1907-1908), entworfen vom slowakischen Architekten Dušan Jurkovič, und in Na Zátorce 3/289 befindet sich die spätsezessionistische Villa Kraus von Emil Králíček und Matěj Blecha (1907-1908).

Die für den Bildhauer Stanislav Sucharda (1866-1916) gegen Ende der Sezessionszeit entworfene Villa Sucharda paßt gut zu dessen Werk, und noch heute finden sich viele Beispiele seiner Kunst an verschiedenen Stellen in Haus und Garten. Über die Eingangsachse an einer Gebäudeecke gelangt man zunächst in eine geräumige Halle. Von dort erschließt eine Treppe mit Galerie die Schlafräume im Obergeschoß. Ein Eßzimmer mit einem Fenster in einem halbrunden Erker und ein Gesellschaftszimmer – ebenfalls in halbrunder Form und mit Buntglasfenstern – gehen von der Halle ab. Zwischen diesen beiden Räumen liegt ein kleineres Wohnzimmer mit Veranda zum Garten.

Anfangs war der Villa auf der Westseite ein Bildhauer-Atelier angegliedert, das 1928 vom Wohnhaus abgetrennt und umgebaut wurde und heute ein eigenständiges Haus ist. Auch das ursprüngliche konkave, skulpturenverzierte Eingangstor existiert nicht mehr. Die den Garten umgebende Mauer wurde passend zum Stil der Villa gestaltet; oben schließt sie mit gelben Keramikfliesen ab, und die Maueröffnungen sind mit entsprechend gearbeiteten Metallgittern versehen.

ADRESSE Slavíčkova 6/248, Praha 6 Bubeneč
METRO Linie A bis Hradčanská
STRASSENBAHN 1, 8, 18, 25, 26
ZUTRITT kein Zutritt

Jan Kotěra 1905-1907

Von Hradčany bis Ruzyně

Jan Kotěra 1905-1907

Wohngebäude der Provinzbank

Im Mai 1936 wurde der Bau eines großen Wohnblocks für die Provinzbank (Zemská Banka) ausgeschrieben. Podzemnýs Entwurf erzielte den ersten Preis, so daß er mit dessen Realisierung beauftragt wurde. Das siebenstöckige Hauptgebäude liegt direkt am Svobody-Platz; die kleineren, sechsgeschossigen Seitenflügel sind an den Seitenstraßen ausgerichtet und haben etwas zurückgesetzte Obergeschosse sowie Dachterrassen, die mit schattenspendenden Pergolen ausgestattet sind. Der Gebäudekomplex besteht aus 61 Wohnungen verschiedener Größen, 15 Geschäftseinheiten und einer Tiefgarage mit 25 Stellplätzen, die durch in den Boden des Innenhofs eingelassene Oberlichter erhellt wird. Zu dem Projekt gehört auch ein Garten mit Tennis- und Spielplatz.

Die Gebäude wurden als Stahlbetonskelettbauten errichtet; die Fassaden sind mit 65x300 Millimeter großen Alit-Keramikfliesen verkleidet, die Balkonunterseiten mit kleineren, 40x40 Millimeter-Fliesen. Der Häuserkomplex verläßt den normalen Verlauf der Straße und biegt sich in den Platz hinein. Die teilweise versenkten Vertikallinien der Balkone brechen die massigen Konturen der Gebäudeecken auf und kontrastieren mit den horizontalen Fensterbändern. Dem Einsatz der großen Mengen von Glas verdankt der Komplex den Namen „Glaspalast".

ADRESSE Náměstí Svobody 1/728, Praha 6 Bubeneč
METRO Linie A bis Dejvická
STRASSENBAHN 2, 20, 25, 26
ZUTRITT nicht zugänglich

Richard F. Podzemný 1936-1937

Von Hradčany bis Ruzyně

Richard F. Podzemný 1936-1937

Villa Gibian

Ganz in der Tradition des reinen Funktionalismus steht die volumetrische Gestaltung dieser Villa mit ihrer reizvollen, weinbewachsenen Stahlgitter-Pergola über der Zufahrtsrampe. Jaromír Krejcar, Vorreiter und einer der wichtigsten Repräsentanten der modernen tschechischen Architektur, vertrat 1923 die Meinung, daß gute Architektur die Innenräume nach außen hin darstellt. Seine großen Räume unterteilte er – ähnlich wie Mies van der Rohe – weniger durch feste Wände, sondern vielmehr durch Möbelstücke, bewegliche Raumteiler oder Vorhänge und richtete sie zur Sonne und zum Garten hin aus. Die Wirtschaftsräume der großen Villa Gibian weisen nach Norden. Die schräge Auffahrt trennt sie vom Hauptwohnflügel, der durch Balkone und Terrassen geformt wird.

ADRESSE Charlese de Gaulla 22/816, Praha 6 Bubeneč
METRO Linie A bis Dejvická
STRASSENBAHN 2, 20, 25, 26
BUS 125
ZUTRITT kein Zutritt

Jaromír Krejcar 1927-1929

Jaromír Krejcar 1927-1929

Französische Schulen

Als Siebenundzwanzigjähriger gewann Jan Gillar 1931 den öffentlich ausgeschriebenen Architekturwettbewerb für dieses Schulprojekt. Der Schulkomplex, in dem der Unterricht in französischer Sprache gehalten wurde, bestand aus einer Technischen Oberschule, einer Grundschule, einer Turnhalle und einem Kindergarten.

Die Gestaltung jedes einzelnen Schulgebäudes erfolgte bis ins kleinste Detail nach funktionalen Gesichtspunkten, und die Formen richteten sich ganz nach den Aktivitäten, die in den Räumen stattfinden sollten. Kindergarten und Turnhalle waren direkt mit Spielplatz und Garten verbunden, während die fachspezifischen Unterrichtssäle sowie die regulären Klassenräume einen separaten Flügel bildeten.

Von zwei Seiten konnte Tageslicht in die Klassenräume einfallen, wobei die Fenster auf der Südseite etwas kleiner gestaltet waren. Für den Unterricht im Freien standen Dachterrassen zur Verfügung.

Von Hradčany bis Ruzyně

ADRESSE Božkova 3/1784, Praha 6 Dejvice
METRO Linie A bis Dejvická
STRASSENBAHN 20, 25
ZUTRITT kein Zutritt

Jan Gillar 1930-1933

Jan Gillar 1930-1933

Baba-Villen

„Das Programm der Baba-Ausstellung ist bewußt auf das Einfamilienhaus beschränkt", erklärte Pavel Janák 1931, „einen Haustyp, der in unserem Lande immer populärer wird. Unter Einsatz neuer Materialien und Konstruktionsmöglichkeiten sollen 30 Modellhäuser in einem wirklich modernen Stil entstehen. Die Häuser werden zeigen, was ein Einfamilienhaus bieten kann und sollte und wie das moderne Leben Grundriß, Lage und Größe sowie Beleuchtung, Heizung und fest ein- und angebaute Einrichtungsgegenstände in den einzelnen Räumen bestimmt. An der Gestaltung der Villen sind Architekten beteiligt, die den Wohnungsbau als eine der wesentlichsten Aufgaben unserer Zeit betrachten. Die Ausstellung wird sowohl einen hervorragenden Überblick über die Arbeit der beteiligten Architekten bieten als auch zweifellos dazu beitragen, daß dieser Haustyp verbessert und sich in unserem Land zunehmend durchsetzen wird. Darüber hinaus wird sie auch einen moralisch motivierenden Anreiz bieten.

In Baba werden Villen entstehen, deren Architekten nicht nur zur Zusammenarbeit bereit sind, sondern ihre individuellen gestalterischen Vorstellungen am Nebeneinander mehrerer Häuser, an der Aussicht, der Gartengestaltung, der Einfriedung und der Gesamterscheinung orientieren werden. Nicht immer stößt man bei der Entwicklung neuer Villenviertel auf die angemessene gegenseitige Toleranz, und nur in einer Atmosphäre der Ruhe kann ein gutnachbarschaftliches Verhältnis entstehen!"

Initiiert und organisiert wurde diese schließlich 33 Häuser umfassende Ausstellung vom tschechoslowakischen Verband für Angewandte Kunst; die Beiträge stammen von bedeutenden tschechischen Architekten. Der Entwurf des einzigen Ausländers, des Holländers Mart Stam, demonstrierte neben dem der Exponaten von Žák und Kučerová-Záveská das beste Einfühlungsvermögen und die größte Geschicklichkeit im Umgang mit kleinen Baukörpern. Die Villen wurden für Mitglieder des Verbandes oder führende Persönlichkeiten des tschechischen Kulturlebens entworfen, so beispielsweise für den Maler und Illustrator Cyril Bouda, den Historiker Julius Glücklich und den Maler und Designer Ladislav Sutnar.

Pavel Janák (Gesamtkonzept) 1928-1934

Von Hradčany bis Ruzyně

Von Hradčany bis Ruzyně

Die einzelnen Villen:

Villa Košťál, Na ostrohu 41/1791, František Kerhart 1933-34
Villa Bouda, Na ostrohu 46/1712, Oldřich Starý 1932
Villa Dovolil, Na ostrohu 43/1797, Pavel Janák 1932
Villa Joska, Na ostrohu 48/1711, Jaroslav & Karel Fišer 1932
Villa Jiroušková, Na ostrohu 45/1796, František Kerhart 1932-33
Villa Lisý, Na ostrohu 50/1710, A. Heythum & E. Linhart 1931-32
Villa Letošník, Na ostrohu 47/1795, František Kavalír 1932
Villa Vaváček, Na ostrohu 52/1709, Oldřich Starý 1931-32
Villa Suková, Na ostrohu 49/1794, Hana Kučerová-Záveská 1932
Villa Zaorálek, Na ostrohu 54/1708, Ladislav Žák 1931-32
Villa Čeněk, Na ostrohu 51/1793, Ladislav Žák 1931-32
Villa Řezáč, Na ostrohu 56/1707, Vojtěch Kerhart 1932
Villa Zadák, Na ostrohu 53/1792, František Zelenka 1934
Villa Peřina, Na ostrohu 58/1706, František Kerhart 1933
Villa Lom, Na Babě 1/1783, Josef Gočár 1935-36
Villa Herain, Na Babě 3/1782, Ladislav Žák 1931-32
Villa Bautz, Na Babě 4/1799, František Kerhart 1933
Villa Balling, Na Babě 5/1781, Hana Kučerová-Záveská 1931-32
Villa Lindová, Na Babě 6/1800, Pavel Janák 1933-34
Villa Heřman, Na Babě 7/1780, Oldřich Starý 1931-32
Villa Moravcová, Na Babě 8/1801, Vojtěch Kerhart 1933-34
Villa Palička, Na Babě 9/1779, Mart Stam & Jiří Palička 1931-32
Villa Spíšek, Na Babě 11/1777, Ladislav Machoň 1932-33
Villa Poláček, Na Babě 12/1803, Jan E. Koula 1932
Villa Uhlíř, Na Babě 13/1776, František Kavalír 1932
Villa Glücklich, Jarní 3/1798, Josef Gočár 1933-34

Pavel Janák (Gesamtkonzept) 1928-1934

Pavel Janák (Gesamtkonzept) 1928-1934

Villa Janák, Nad Paťankou 16/1785, Pavel Janák 1931-32
Villa Maule, Nad Paťankou 18/1786, Josef Gočár 1931-32
Villa Kytlica, Nad Paťankou 22/1788, Josef Gočár 1932-33
Villa Bělehrádek, Nad Paťankou 24/1789, F. Kerhart 1935-36
Villa Sutnar, Průhledová 2/1790, Oldřich Starý 1932
Villa Lužná, Průhledová 6/1804, Zdeněk Blažek 1931-33
Villa Munk, Průhledová 10/1705, Josef Fuchs 1932

Von Hradčany bis Ruzyně

ADRESSE Na ostrohu, Na Babě,
Nad Paťankou, Jarní, Průhledová,
Praha 6 Dejvice
STRASSENBAHN 20, 25
BUS 107, 116, 125, 131, 147, 160
ZUTRITT kein Zutritt

Pavel Janák (Gesamtkonzept) 1928-1934

Villa Barrová

Auch diese Villa ist typisch für die herausragende Architektur Ladislav Žáks, der hier die beiden Hauptfassaden in unterschiedlichen Ansätzen gestaltete. Die Ostansicht ist an einer Seite abgerundet, vor dem Wohnzimmer breitet sich eine großflächige Terrasse aus, und eine Treppe führt in den Garten. Ein Balkon auf der Schlafetage ragt aus der Fassade hervor, und die Dachterrasse mit Blick auf Prag ist mit einem abgerundeten Sonnenschutz ausgestattet. Diese Fassade sieht man von Na Mičance aus. Hinter der glatten, nahezu fensterlosen Straßenfassade verbirgt sich ein Treppenhaus. Der tiefe Einschnitt auf der linken Seite gewährt dem Besucher einen flüchtigen Blick darauf, was er sehen könnte, wenn er auf dem Balkon oder der Dachterrasse stünde. Die Form des über die Dachsilhouette hinausragenden Schornsteins und die kleinen kreisrunden Fenster erinnern an ein Dampfschiff.

Auch die Villa Verunáč (1931) in der Neherovská 10/1522 von Josef Chochol lohnt einen Besuch. Das geradlinige Gebäude läßt jedoch die Eleganz von Žáks Konstruktionen und das ihm eigene Spiel mit Formen missen.

ADRESSE Neherovská 8/677, Praha 6 Dejvice
BUS 125, 131
ZUTRITT kein Zutritt

Ladislav Žák 1937

Von Hradčany bis Ruzyně

Ladislav Žák 1937

Villa Linhart

Sie ist eines der besten Beispiele für den Funktionalismus in der Prager Architektur. Ihr Architekt Evžen Linhart entwarf und baute sie für sich selbst. Der Grundriß ist L-förmig, wobei Aussparungen und Festkörper an beiden Gebäudeflügeln sich gegenseitig ergänzen; so reflektiert ein Festkörper im Erdgeschoß rechts eine Aussparung auf der linken Seite, und in der darüberliegenden Etage kehrt sich diese Anordnung um. Die Aussparungen werden durch Vorsprünge oder Verlängerungen des Hauptbauwerks markiert, die dem Raum einen Rahmen geben. Die Fenster sind perfekt positioniert, ihre Größe wurde geschickt in Proportion zur Fläche der sie umgebenden Wände gewählt, so daß eine abstrahierte Komposition entsteht.

Im Untergeschoß befinden sich die Wirtschaftsräume, eine Küche, Waschküche und Garage. Das Erdgeschoß beherbergt das Wohnzimmer, das durch eine Rampe mit dem Eßbereich verbunden ist, und ein Studio. In der oberen Etage sind die Schlafräume untergebracht, und über eine Außentreppe an der Seitenfassade gelangt man auf die Dachterrasse. Die Villa war mit eingebauten Bücherregalen und Schränken, Betten, Tischen und Stühlen mit Stahlrohrrahmen sowie Bugholzstühlen eingerichtet. Zwischen Küche und Eßzimmer war ein Speiseaufzug eingebaut.

In Na viničních horách 44/773 befindet sich auch eine Villa von Jan Rosůlek (1927-1929). Sie wurde 1939 von Vladimír Grégr umgebaut.

ADRESSE Na viničních horách 46/774, Praha 6 Dejvice
METRO Linie A bis Dejvická
STRASSENBAHN 2, 20, 26
BUS 125, 131
ZUTRITT kein Zutritt

Evžen Linhart 1927-1929

Evžen Linhart 1927-1929

Hotel Praha

Dieses luxuriöse Hotel wurde für führende Mitglieder der tschechoslowakischen Kommunistischen Partei errichtet, die hier ausländische Gäste und hochrangige Parteifunktionäre aus den kommunistischen Bruderstaaten beherbergten. Es sollte zeigen, was die tschechische Industrie und Kultur zu bieten hatten, weshalb keine Kosten gescheut wurden. Die Lage dieses gewaltigen Bauwerks inmitten eines vorstädtischen Wohngebiets war schon erstaunlich, rechtfertigte sich aber durch den phantastischen Rundblick, den man sowohl von den allgemein zugänglichen Bereichen aus als auch von den Hotelzimmern genießt.

Die Entwurfsidee basiert auf der Fortsetzung der Höhenlinien des Bergs in dem wellenförmigen Gebäude. Die Begrünung der durchlaufenden Balkone untermauert diese Vorstellung. Der Vorsprung über der Südterrasse ist zum einen Schattenspender, zum anderen dient er aber auch als Sicherheitsschranke, die die Gästezimmer von den allgemein zugänglichen Bereichen abschirmt. Die Nordseite wirkt schmucklos, häßlich und nicht gerade einladend, und die vertikalen Eingangselemente ähneln Wachtürmen. An die unerfreuliche Vergangenheit des Hotels wird durch Überreste eines Elektrozauns, der das gesamte Anwesen umgab, erinnert.

Von Hradčany bis Ruzyně

ADRESSE Sušická 20/2450, Praha 6 Dejvice
METRO Linie A bis Dejvická
STRASSENBAHN 2, 20, 26
ZUTRITT für Gäste frei

Jaroslav Paroubek, Radko Černý und Arnošt Navrátil 1975-1981

Oberschule von Dr. Beneš

Dieses schlichte, aber eindrucksvolle und zweckmäßige Gebäude steht leider etwas zu dicht an der stark befahrenen Evropská. Die in L-Form – Linharts Lieblingsanordnung – angelegte Schule erhebt sich als sechs- beziehungsweise siebenstöckiger Bau. Der an die Evropská angrenzende Eingangsblock weist die meisten gestalterischen Details auf, so auch eine Dachschräge, hinter der sich ein zurückgesetztes Obergeschoß verbirgt, das im längeren Gebäudeflügel von einem Vordach überdacht ist. Ein weiteres Vordach aus Stahlbeton und die darüberliegenden großen, mit Glasbausteinen ausgefüllten Aussparungen markieren den Eingang. Manche Bauwerke sprechen die Gefühle der Betrachter an – dieses hier ist zu glatt, um eine derartige Reaktion zu bewirken.

Von Hradčany bis Ruzyně

ADRESSE Evropská 33/330, Praha 6 Dejvice
METRO Linie A bis Dejvická
STRASSENBAHN 2, 20, 26
ZUTRITT kein Zutritt

Evžen Linhart 1937-1938

Villa Traub

Diese recht imposante Villa liegt auf einem schwierigen, abschüssigen Baugrundstück zwischen der belebten Milady Horákové und der steilen Pod hradbami. Der Lederfabrikant Edmund Traub beauftragte Bruno Paul aus Berlin, ein großes Wohnhaus für seine Familie zu entwerfen, das dem problematischen Baugrundstück mit seinem Höhenunterschied von zwölf Metern gerecht werden sollte. Paul setzte die Villa so an den Hang, daß auf der Straßenseite eine hohe, vierstöckige Fassade und zum Garten hin eine breite, dreistöckige Front entstand.

Die rechteckige, mit Naturstein verblendete Fassade kontrastiert mit den umstehenden Häusern und fällt durch ihre kühle, klar gegliederte Architektur auf. Die Familie Traub bewohnte die Villa zehn Jahre lang, bevor sie 1938 floh, als das Deutsche Reich das Sudetenland besetzte. Seitdem bezogen hier eine Reihe von diplomatischen Vertretungen osteuropäischer Staaten ihr Quartier.

1992 wurde das Gebäude für die Delegation der Kommission der Europäischen Gemeinschaft umgebaut. Die Innenarchitektur blieb teilweise erhalten, so auch die Eingangshalle, die formschöne Haupttreppe mit ihrem geschmackvollen Geländer, Einbaumöbel, Spiegel und speziell angefertigte Eisenbeschläge. Auch der Garten wurde wieder in seinen Originalzustand versetzt, so daß dort das Gebäude jetzt wieder einen – so Paul – zusätzlichen Gartenraum besitzt.

Von Hradčany bis Ruzyně

ADRESSE Pod hradbami 17/658,
Praha 6 Střešovice
STRASSENBAHN 1, 2, 8, 18, 25, 26
ZUTRITT kein Zutritt

Bruno Paul 1928-1929, renoviert von Ladislav Kalivoda 1992

Von Hradčany bis Ruzyně

Bruno Paul 1928-1929, renoviert von Ladislav Kalivoda 1992

Villa Müller

Nur wenige Wochen, nachdem er von František Müller beauftragt worden war, hatte Adolf Loos den Entwurf der Villa bereits vollendet. Müller, Teilhaber des Bauunternehmens Kapsa & Müller, verhandelte mit den örtlichen Behörden über die Baugenehmigung. Da die Villa von ihrem Grundriß her größer als erlaubt war und die ausgeklügelte Gestaltung der Innenräume nicht ganz der vorgeschriebenen maximalen Bauhöhe von zwei Stockwerken entsprach, wurde die Genehmigung erst erteilt, nachdem Müller mehrere Male Widerspruch eingelegt hatte.

Die Villa wirkt von außen unscheinbar und bescheiden. Bei näherem Betrachten fragt man sich, was das Besondere an ihr sein soll. Die Fenster erscheinen viel zu klein, als daß durch sie genügend Licht in die Innenräume fallen könnte. Tatsächlich aber entspricht die Außenansicht Adolf Loos' Entschluß, „nicht ein schönes Haus zu bauen, sondern ein Haus mit einfachem Dach und einfachen Fenstern".

Das Innere ist allerdings eine Offenbarung. Die Räume haben genau die richtige Größe, und durch die Fenster fällt genau die nötige Menge Sonnenlicht ein. Ineinander verschachtelte Räume, die teilweise den Blick auf die anderen Räume freigeben, aber doch hinreichend abgeschlossen sind, damit man sich dorthin zurückziehen kann, wurden aus dem kubischen Baukörper herausgearbeitet und untereinander durch ein zentrales Treppenhaus verbunden, das alle Ebenen erschließt und mittels weniger Stufen jeden größeren Raum erreicht. Welchen Raum man auch betritt – die dreidimensionale Komplexität der Gestaltung verwirrt überall; es ist gar nicht so einfach, den augenblicklichen Standort innerhalb der Villa genau zu bestimmen. Farbenfroher Cipollino-de-Sion-Marmor, schlesischer Syenit-Granit, Zitronenholz, Ahorn-, Eichen- und Mahagoniharthölzer, Opaxit-Glas, Keramikfliesen und Delfter Fliesen, Vorhangstoffe, Spiegel, Teppiche, polierte Parkettfußböden, Lederpolster sowie speziell gefertigte Lampeninstallationen und Beschläge bereichern den Gesamteindruck, wo man auch hinsieht. Nach der Maxime „Erlesene Werkstoffe und gute handwerkliche Arbeit sollen nicht nur einen Ausgleich für die fehlenden dekorativen Elemente schaffen, sondern diese in ihrer Pracht noch weit übertreffen.

Adolf Loos und Karel Lhota (Statik) 1928-1930

Von Hradčany bis Ruzyně

Adolf Loos und Karel Lhota (Statik) 1928–1930

Edle Materialien sind ein Geschenk Gottes!" ersetzte Loos hier die früher übliche Ornamentik durch etwas viel Prachtvolleres. Auch bei dieser Villa genießt man von der Dachterrasse aus einen Ausblick auf Prag, der hier jedoch von den verlängerten Seitenmauern eingeschränkt wird. In der rechten Mauer befindet sich allerdings eine große Aussparung, die die Aussicht auf den St.-Veits-Dom umrahmt.

Architektonisch gesehen verbirgt sich ein wahres Kleinod hinter grauer Fassade. Die Villa steht für Loos' Überzeugung, daß man „Raum" erleben müsse, und wer die Villa verläßt, fühlt sich erschöpft von der geistigen Anstrengung, die zur Würdigung all der Vorzüge dieses außergewöhnlichen Meisterstücks der Architektur des 20. Jahrhunderts aufgebracht werden muß. Die Villa Müller wurde getreu Loos' Ansicht gebaut, daß „ein Gebäude äußerlich unscheinbar sein, im Inneren aber seinen wahren Reichtum offenbaren sollte"

ADRESSE Nad hradním vodojemem 14/642, Praha 6 Střešovice
STRASSENBAHN 1, 2, 18
ZUTRITT soll nach der Restaurierung öffentlich zugänglich sein

Adolf Loos und Karel Lhota (Statik) 1928-1930

Adolf Loos und Karel Lhota (Statik) 1928-1930

Villa in der U Ladronky

Diese hübsche, perfekt in einer Ecklage plazierte Villa befindet sich in einem ruhigen Prager Vorstadtwohnviertel. Smetana war ein Schüler Janáks und Gočárs und wurde 1926 Mitglied von Devětsil. Auf der Grundlage schlichter, funktionalistischer Elemente entwickelte Smetana plastischere Formen, die zuweilen auf abstrakte, subjektive Ursprünge zurückgehen. Die Tiefe seiner Auseinandersetzung mit der Materie wird durch den sensiblen Umgang mit der Gestaltung der Villa – ihren bedacht proportionierten Baukörper und ihre plastisch geformten Fassaden – spürbar.

ADRESSE U Ladronky 31/1334, Praha 6 Břevnov
STRASSENBAHN 8, 22
ZUTRITT kein Zutritt

Pavel Smetana 1938-1939

Von Hradčany bis Ruzyně

Pavel Smetana 1938-1939

Abfertigungsgebäude des alten Prager Flughafens

Diese Gebäude entstanden als Ersatz für den Kbely-Flughafen, der dem zunehmenden Flugverkehr nicht mehr gewachsen war. Der Gebäudekomplex besteht aus einem Abfertigungsgebäude, Fracht- und Verwaltungsanlagen, dem Tower, drei Flugzeughallen, einer Maschinenhalle und einem Häuserblock mit Personalwohnungen. Er ist von einem Zaun umgeben; am Eingang befindet sich ein Pförtnerhaus. Das gegliederte, leicht gewölbte Dach des Abfertigungsgebäudes harmonisiert mit den abgerundeten, glasverkleideten Ecken des Kontrollturms und den angrenzenden, mit Keramikfliesen verkleideten Gebäuden.

Der Flughafen wurde im April 1937 in Betrieb genommen und wird auch heute noch als Ausweichmöglichkeit für Sonderflüge, VIPs und Staatsbesuche genutzt. Das jetzige, weiter westlich gelegene Flughafenhauptgebäude wurde von Karel Bubeníček, Karel Filsák, Jiří Louda und Jan Šrámek entworfen und zwischen 1964 und 1968 gebaut. Aufgrund des seit 1989 zunehmenden Geschäftsverkehrs und Tourismus in Prag wurde der Flughafenterminal in Ruzyně so erweitert, daß jetzt alle modernen Einrichtungen darin Platz finden, die von Reisenden des ausgehenden 20. Jahrhunderts erwartet werden.

Zwischen den beiden Abfertigungsgebäuden steht eine interessante Flugzeugwartungshalle mit einer Hängedachkonstruktion, die von Vladimír Conk, Karel Hubáček und Jiří Lásek entworfen und ebenfalls in den Jahren zwischen 1964 und 1968 erbaut wurde.

Von Hradčany bis Ruzyně

ADRESSE K letišti 2/550, 533 Praha 6 Ruzyně
BUS 108, 119, 179
ZUTRITT beschränkt

Adolf Benš 1932-1934, Kamil Roškot (Pförtnerhaus) 1934-1935

Von Hradčany bis Ruzyně

Adolf Benš 1932-1934, Kamil Roškot (Pförtnerhaus) 1934-1935

Von Holešovice bis Troja

Josef-Hlávka-Brücke (Hlávkův most)

Diese Brücke wurde nach Josef Hlávka (1831-1908) benannt, dem Architekten, Förderer und ersten Präsidenten der tschechischen Akademie der bildenden Künste. In den Bau flossen unterschiedliche Stilrichtungen und Werkstoffe ein; für die Südseite verwendete man Stahl, für den nördlichen Teil Beton. Am interessantesten ist der mittlere Teil, der die Insel Štvanice überspannt. Die wellenförmige Kante spielt auf den Kubismus an und verleiht der ansonsten statischen Konstruktion eine dynamische Note. Über den Pfeilern sind zwischen den Bögen Nischen aus dem Beton ausgespart, in die sich Plastiken von Jan Štursa schmiegen und die durch ein Muster von hervortretenden Quadraten akzentuiert sind. Die runden Porträtmedaillons früherer Ratsherren von Prag über den Pfeilern des Nordteils der Brücke stammen von Otto Gutfreund.

Die frühere Stahlbrücke wurde zwischen 1958 und 1962 in Beton wiederaufgebaut; durch eine zweite Betonbrücke auf der östlichen Seite erfuhr die Gesamtkonstruktion eine Erweiterung auf 28 Meter, an der sich alle Details samt Skulpturenzierrat originalgetreu wiederholen.

Von Holešovice bis Troja

ADRESSE Verlängerung der Bubenská, Praha 7 Holešovice
METRO Linie C bis Vltavská
STRASSENBAHN 3, 8
ZUTRITT frei zugänglich

Pavel Janák und František Mencl (Statik) 1909-1912

Pavel Janák und František Mencl (Statik) 1909-1912

Tennisstadion

Die Moldau-Insel Štvanice (Jagd) verdankt ihren Namen der Tatsache, daß dort bis Anfang des 19. Jahrhunderts in einem aus Holz gebauten Amphitheater Schaukämpfe zwischen Hunden, Hirschen, Stieren und Bären veranstaltet wurden. Diesem grausamen Spektakel wurde 1815 ein Ende gesetzt; Ersatz wurde durch Gaststätten, einen Zirkus und häufige Heißluftballon-Vorführungen geschaffen. 1901 entstanden hier die ersten Tennisplätze für den 1893 gegründeten tschechischen Rasentennis-Verein. 1926 legte man für Wettkampfveranstaltungen einen großen, zentralen Platz mit einer Zuschauertribüne an, der inzwischen durch die neue Anlage ersetzt wurde.

Das zentrale Stadion mit einer Sitzplatzkapazität für 7 000 Zuschauer gliedert sich in verschiedene Flügel, die optisch durch Zugangstreppen unterteilt sind. Die Hauptzugangsrampe für Zuschauer reicht bis zum ersten Rang oberhalb der Umkleidekabinen und Spielerunterkünfte und trennt so diese beiden Bereiche. Die Anlage fügt sich elegant in die natürliche Umgebung der Insel ein. Die gedämpften Grau- und Silbertöne des Bauwerks, unterstützt durch das Zusammenspiel von Licht und Schatten, unterstreichen die plastische Form der Stahlkonstruktion. Dies ist genau der Rahmen, den die tschechischen Tennismeister brauchen, um der übrigen Tenniswelt Paroli zu bieten.

Von Holešovice bis Troja

ADRESSE Ostrov Štvanice, Praha 7 Holešovice
METRO Linie C bis Vltavská
STRASSENBAHN 3, 8
ZUTRITT öffentlich

Josef Káleš und Jana Novotná 1982-1986

Von Holešovice bis Troja

Josef Káleš und Jana Novotná 1982-1986

Verwaltungsgebäude der Elektrizitätswerke

Dieser wohlgestaltete Gebäudekomplex ist das Ergebnis eines beschränkten Architekturwettbewerbs, bei der das siegreiche Team den Zuschlag für seinen Entwurf erhielt, in der Mitte des vorgesehenen Geländes anstatt entlang seiner Außengrenzen zu bauen. In dem achtstöckigen Hauptgebäude befindet sich die beeindruckende Haupteingangshalle, die die gesamte Höhe des Gebäudes einnimmt. Das Foyer erhält Licht sowohl von oben als auch durch eine große Glaswand auf der Westseite. Galerien, ein Treppenhaus und die in Prag so beliebten Paternoster erschließen alle Stockwerke. An dieses Kernstück grenzen sechs- und dreistöckige Gebäudeteile an. Im Keller befanden sich ursprünglich öffentliche Bäder und ein Vortragssaal.

Es handelt sich um eines der ersten Gebäude Prags, deren Außenmauern mit Keramikfliesen verblendet wurden. Der Komplex macht den Eindruck einer leistungsfähigen, reibungslos funktionierenden und gutgeölten Maschine, weckt aber auch Erinnerungen an Orwells Beschreibung einer Welt der Technik, in der Big Brother seine hart arbeitenden Untergebenen streng überwacht.

Von Holešovice bis Troja

ADRESSE Bubenská 1/1477, Praha 7 Holešovice
METRO Linie C bis Vltavská
STRASSENBAHN 1, 8, 25, 26
ZUTRITT kein Zutritt

Adolf Benš und Josef Kříž 1927-1935

Adolf Benš und Josef Kříž 1927-1935

Wohnhaus in der Schnirchova

Die vorstehende Fassade dieses Wohnhauses durchziehen ununterbrochene Fensterbänder, die sich an den Seiten an jeweils einen Balkon mit maschendrahtartigem Geländer anlehnen – ein Lieblingsdetail Rosenbergs. Seine Bauwerke sind zwar schlicht, lassen aber trotzdem Liebe zum Detail erkennen. Die Kombination der schlichten Eleganz eines Drahtglas-Balkongeländers mit den feinen Holzhandläufen an der Haupttreppe und den glasgefliesten Treppenabsätzen ist eine wahre Augenweide. Einen ähnlichen Entwurf verwendete Rosenberg auch bei seinem Haus mit der Passage von der Štěpánská zur Ve Smečkách, Praha 1 Nové Město.

Von Holešovice bis Troja

ADRESSE Schnirchova 29/1084,
Praha 7 Holešovice
METRO Linie C bis Vltavská
STRASSENBAHN 5, 12, 17
ZUTRITT kein Zutritt

Eugene Rosenberg 1935-1937

Prager Ausstellungspalast

Bei einem Architekturwettbewerb für ein Ausstellungsgebäude im Jahr 1924 erzielte Tyl den ersten und Fuchs den dritten Preis. Die Architekten wurden daraufhin gebeten, einen gemeinsamen Entwurf zu erarbeiten; nach der Fertigstellung galt das Bauwerk als eines der progressivsten öffentlichen Gebäude in der Tschechoslowakei.

Kernstück des Gebäudes ist ein überdachter Innenhof für die Hauptausstellungen, um den herum sich weitere, über Galerien zugängliche Ausstellungsräume befanden. Unter der Eingangshalle gab es ein Kino, im Obergeschoß waren ein Restaurant und ein Café untergebracht, die an die Dachterrasse angrenzten. Für die Konstruktion wurde Stahlbeton verwandt, was den Einbau durchlaufender Fensterbänder ermöglichte, die auch um die scharfen Ecken herum weitergeführt werden konnten.

Ab 1951 fand die Messe nicht mehr in Prag statt, sondern wurde nach Brno (Brünn) verlegt. Seitdem nutzten verschiedene staatliche Unternehmen das Bauwerk als Verwaltungsgebäude. Nach einem verheerenden Brand am 14. August 1974 wurde das Gebäude renoviert und vom Architektenkollektiv SIAL für die Nationalgalerie der modernen Kunst umgebaut, wobei zusätzlich diverse kommerziell genutzte Räume geschaffen wurden. Die Architektur des Bauwerks paßt vorzüglich zur Art der Nutzung – das Gebäude ergänzt die Objekte moderner Kunst und wird selbst zum Ausstellungsstück.

1928 bemerkte Le Corbusier: „Ich möchte Prag und seine Architekten zur Realisierung eines so großartigen Werks beglückwünschen. Als ich den Ausstellungspalast sah, verstand ich endlich, wie man Gebäude von dieser Größe konstruiert, nachdem ich bis dahin nur ein paar kleinere Häuser mit geringem Budget gebaut hatte."

ADRESSE Dukelských hrdinů 47/530, Praha 7 Holešovice
METRO Linie C bis Vltavská
STRASSENBAHN 5, 12, 17
ZUTRITT geöffnet dienstags bis sonntags 10.00-18.00 Uhr,
donnerstags 10.00-21.00 Uhr

Von Holešovice bis Troja

Oldřich Tyl und Josef Fuchs 1924-1928

Oldřich Tyl und Josef Fuchs 1924-1928

Wohnhaus in der Kamenická

Dieses dunkle, mysteriöse Gebäude ruft bei Passanten Ehrfurcht und Bewunderung hervor. Seine rondo-kubistischen Elemente bewirken ein Spiel aus Schatten und Form. Sind die Räume zwischen den Fenstern Nischen oder konvexe Formen? Aus der Ferne ist es schwer erkennbar. Die Säulen im Erdgeschoß mit ihren kegelförmigen Kapitellen scheinen das gewaltige, von oben drückende Gewicht der Fassade nur mühsam halten zu können. Hier weichen die typisch leuchtenden Farben des Rondo-Kubismus einer nüchterneren, aber würdevollen Gestaltung. Novotný überraschte immer wieder durch beispiellose Meisterstücke, denen er jeden Stil aufzuerlegen vermochte, dem er sich gerade schöpferisch verschrieben hatte.

Von Holešovice bis Troja

ADRESSE Kamenická 35/811, Praha 7 Holešovice
METRO Linie C bis Vltavská
STRASSENBAHN 1, 8, 25, 26
ZUTRITT kein Zutritt

Otakar Novotný 1923-1924

Geschäfts-, Kino- und Wohnkomplex

Geschäfte und Büros dieses riesigen Häuserblocks liegen an der Milady Horákové, während sich der Eingang zu den Wohnungen und dem Kino mit Namen Oko (Auge) an der Františka Křižíka befindet. Besondere Aufmerksamkeit verdient die abgerundete, von einer Dachterrasse gekrönte Ecke, deren horizontale Balkone wie eine Spitzenborte wirken. Die gesamte Eckkonstruktion lockert den massigen Häuserkomplex auf und bildet einen Blickfang, der schon von weit unten am Hang wahrnehmbar ist.

Von Holešovice bis Troja

ADRESSE Františka Křižíka 11/460-15/461 Praha 7 Holešovice
METRO Linie C bis Vltavská
STRASSENBAHN 1, 8, 25, 26
ZUTRITT Geschäfte im Erdgeschoß und Kino zugänglich

Jaroslav Stockar-Bernkopf und Josef Šolc 1938-1939

Jaroslav Stockar-Bernkopf und Josef Šolc 1938-1939

Geschäfts- und Wohnhaus Winklerová

Die Lösung für ein ungewöhnliches Stadtgrundstück mit einem Grundriß in Form eines Parallelogramms. Da das Gebäude im Verhältnis zu den Nachbarhäusern etwas zurückgesetzt wurde, entstand mehr Platz vor dem Haus, der für freistehende Werbe- und Informationskästen genutzt wird. Bedingt durch den Grundstücksgrundriß hat das Gebäude spitze Ecken, die besonders bei der rückseitigen Ansicht auffallen. Das Zusammenspiel von Fensteröffnungen, Balkonen, schmalen Aussparungen, kleinen Vordächern und den zurückgesetzten Elementen im Obergeschoß bewirkt eine gefällige Gesamtkomposition. Die verzerrte Geometrie von Räumen und Baukörpern innen und außen sorgt für ein so ungewöhnliches Nebeneinander von Formen – nur selten zu finden bei Gebäuden dieser Art oder aus dieser Epoche.

Sehen Sie sich auch das Geschäfts- und Wohnhaus von Eugene Rosenberg (1937) in der Milady Horákové 56/387, Praha 7 Holešovice, an.

Von Holešovice bis Troja

ADRESSE Milady Horákové 63/386, Praha 7 Holešovice
METRO Linie C bis Vltavská
STRASSENBAHN 1, 8, 25, 26
ZUTRITT Zugang zum Erdgeschoß möglich

Karel Janů 1938-1939

Karel Janů 1938-1939

Wohnhaus in der Čechova

Nach den phantastischen Kompositionen des späten Kubismus und der aufkommenden puristischen Bewegung läutet Roškots Wohnhaus einen neuen, modernen Architekturansatz ein. Roškots Stil stützte sich auch auf die Erfahrungen, die Kotěra vor dem Ersten Weltkrieg mit dem Modernismus machte. Die Fassade, der jedes schmückende Beiwerk fehlt, ist in einfache Rechtecke unterteilt; einzige Außenausbaustoffe sind Putz und Backstein. Das große Fenster im Erdgeschoß war ursprünglich durch massive Pfeiler in drei vertikale Öffnungen geteilt. Weiter hinten im Eingangsbereich ist die von Otto Gutfreund in Stein gearbeitete Skulptur eines Maurers in die Wand eingelassen.

ADRESSE Čechova 29/587, Praha 7 Bubeneč
STRASSENBAHN 1, 8, 25, 26
ZUTRITT kein Zutritt

Kamil Roškot 1923-1924

Kamil Roškot 1923-1924

Molochov-Wohnblock

Der Komplex besteht aus einer 252 Meter langen Häuserfront mit Geschäften im Erdgeschoß; er setzt sich aus 14 von einem siebenköpfigen Architektenteam individuell gestalteten Häusern zusammen. Die siebenstöckige Gesamtkomposition des Häuserblocks sowie zwei der Einheiten wurden von Josef Havlíček entworfen.

Die lange Fassade wird durch Loggien aufgelockert, die in regelmäßigen Abständen die massive Front unterbrechen. Das auf beiden Seiten zurückgesetzte Obergeschoß läßt Raum für Dachterrassen und wird nur auf der Häuserrückseite durch das Treppenhaus unterbrochen. Der Grundriß der Wohnungen läßt sich in drei typische Komponenten aufgliedern – Wohnzimmer mit Blick auf die Letná-Anlagen, Flure in der Mitte mit verglasten Türen und Trennwänden sowie Küchen, Badezimmer und Zugangstreppen, die im rückwärtigen Teil liegen. In ihrer Größe variieren die Wohneinheiten zwischen Ein-Zimmer-Appartements und Zehn-Zimmer-Wohnungen. Die Außenmauern wurden in langlebigen und qualitativ hochwertigen Materialien ausgeführt: Keramikwandfliesen, Marmor, Travertin und Putz. Die meisten Fenster haben eingebaute Holzrolläden.

Die Architekten der einzelnen Einheiten sind: Otto und Karel Kohn (72, 84-90, 96), Arnošt Mühlstein und Viktor Fürth (74, 94), František Votava (92), Leo Lauermann (76-78), Josef Havlíček (80-82).

Von Holešovice bis Troja

ADRESSE Midady Horákové 72/845-96/862, Praha 7 Holešovice
METRO Linie A bis Hradčanská
STRASSENBAHN 1, 8, 25, 26
ZUTRITT kein Zutritt

Josef Havlíček 1936-1938 (Gesamtkonzept)

Josef Havlíček 1936-1938 (Gesamtkonzept)

Wohnhaus in der Letohradská

Dieses Wohnhaus wurde zwischen zwei bereits vorhandenen Gebäuden errichtet, wodurch seine Tiefe und Höhe vorgegeben waren. Die Betonrahmenkonstruktion ist mit glasierten, grauen Alitfliesen verkleidet; ein schmales gelbes Band aus Mosaiksteinchen rahmt die Fassade ein und setzt gleichzeitig die Gesamtkomposition von den Nachbarhäusern ab. Die beliebten Holzrolläden schützen vor der Nachmittagssonne. Die Geländer der kleinen, seitlichen Loggien bestehen aus gegossenen Glasbausteinen.

Ursprünglich stand neben dem Hauseingang eine Mädchenstatue von Marta Jirásková. Nach kurzer Zeit wurde sie allerdings vom Eigentümer entfernt, da er befürchtete, daß die Nazis sie im Krieg konfiszieren könnten.

Von Holešovice bis Troja

ADRESSE Letohradská 60/760, Praha 7 Holešovice
METRO Linie C bis Vltavská
STRASSENBAHN 1, 8, 25, 26
ZUTRITT kein Zutritt

Josef Havlíček 1938-1939

Josef Havlíček 1938-1939

Národní technické muzeum (Technisches Nationalmuseum)

Von außen erweckt das Gebäude einen düsteren und strengen Eindruck. Die Architektur der großen Ausstellungshalle ist jedoch sehr viel anregender: Die Böden der Galerien bestehen aus Glasbausteinen, und die Stahlträger des Dachs folgen dem natürlichen Spannungsfluß.

Außer dem Gebäude sind auch die Exponate sehenswert, die das technische Innovationsvermögen tschechischer Ingenieure und Konstrukteure würdigen. Die Sammlung umfaßt – in der großen Ausstellungshalle – großartige, stromlinienförmige Automobile von Tatra und Škoda, Rennwagen und Lokomotiven sowie Motor- und Fahrräder, die man auf den Galerien aufgestellt hat. Erstaunlich auch die Flugzeuge, die von der Decke hängen und so aussehen, als befänden sie sich mitten im Flug. Ein unter dem Dach verankerter Ballon komplettiert die Atmosphäre des Raums.

Von Holešovice bis Troja

ADRESSE Kostelní 42/1300-44/1320, Praha 7 Holešovice
METRO Linie C bis Vltavská
STRASSENBAHN 5, 12, 14, 17, 26
ZUTRITT geöffnet dienstag bis sonntags 9.00-17.00 Uhr

Milan Babuška 1937-1940

Von Holešovice bis Troja

Milan Babuška 1937-1940

Restaurant Praha Expo 58

Mit dem tschechoslowakischen Ausstellungspavillon auf der Expo 58 in Brüssel erzielten die tschechischen Architekten einen großen Erfolg. Ihr Vorschlag erhielt eine goldene Medaille und zwei weitere Preise für den besten architektonischen Entwurf und das beste Ausstellungsstück. Nach der Expo beschloß man, das Gebäude nach Prag zu verlegen und den Hauptpavillon auf dem Ausstellungsgelände neu aufzubauen, das ursprünglich 1891 für die Jubiläumsausstellung im Stromovka (Baumgarten) eingerichtet worden war. 1991 wurde der Pavillon durch einen Brand zerstört.

Teil des Brüsseler Pavillons war ein freistehendes Restaurant, in dem den Besuchern eine Auswahl tschechischer Speisen und Getränke gereicht wurde. Auch das Restaurant wurde verlegt und in den Letenské sady (Letná-Anlagen) an einem reizvollen Ort auf den Felsen über der Moldau wiederaufgebaut, der einen prachtvollen Rundblick über Prag bietet. Vom Grundriß her ist das Gebäude gebogen; das eigentliche Restaurant befindet sich in der ersten Etage, von der aus man die Aussicht genießen kann; ebenerdig befindet sich ein gemütliches Terrassencafé. Die Fassaden sind schlicht, aber eindrucksvoll mit Glas und Aluminium verblendet. Ein kleines, blaugefliestes Schwimmbecken mit einer Statue vervollständigt die landschaftliche Gestaltung der Anlage.

Von Holešovice bis Troja

ADRESSE Letenské sady 1500, Praha 7 Holešovice
METRO Linie C bis Vltavská
STRASSENBAHN 5, 12, 14, 17, 26
ZUTRITT wird zur Zeit restauriert

František Cubr, Josef Hrubý und Zdeněk Pokorný 1957-1960

Villa in der Trojská

Dieses klassisch funktionalistische Gebäude von Adolf Benš, dem Architekten der Verwaltungsgebäude der Elektrizitätswerke, wurde als Betonrahmenbau mit Stahlbetondecken und -dachplatten ausgeführt. Die Armierung der Betonplatten verläuft diagonal, und in den Außenwänden liegt zwischen den beiden Schalen des Mauerwerks eine Isolierschicht. Die doppelverglasten Schiebefenster haben metallummantelte Holzrahmen. Der Außenputz wurde aus feinkörnigem Marmor und Zement gemischt, wobei die äußere Zementschicht durch Schleifen mit Carborundum entfernt wurde.

Das Einbeziehen eines Baums in die architektonische Komposition, der innerhalb des erweiterten Rahmenkragewerks wächst, steht für den Anspruch der Funktionalisten, den menschlichen Lebensraum naturnäher zu gestalten.

ADRESSE Trojská 134/224, Praha 7 Troja
BUS 112
ZUTRITT kein Zutritt

Adolf Benš 1928-1930

Von Holešovice bis Troja

Adolf Benš 1928-1930

Villa Chytilová

Von dieser weißen, modernen Villa mit einer Vielzahl an Räumen, Ebenen und Außenterrassen am Rand einer Hügelkuppe im Norden Prags kann man auf Schloß Troja und den Zoologischen Garten sehen. Dies ist gewiß eine faszinierende, hervorragend als Domizil der Regisseurin Věra Chytilová geeignete Lage. Ihre Filme O něčem jiném (Von etwas anderem; 1963) und Sedmikrásky (Tausendschönchen – kein Märchen; 1966) waren Welterfolge und trugen zum ausgezeichneten Ruf der damaligen tschechischen Filmkunst bei.

Emil Přikryl setzte die Tradition der Prager Villenarchitektur fort, indem er für das Projekt weißverputzte Oberflächen, Flachdächer und große Fensterflächen mit Blick auf das üppige Grün des Gartens auf dem Hügel wählte. Ein kleines Schwimmbecken im Freien erfüllt auch den letzten Wunsch an Komfort in dieser abgeschiedenen Idylle, die Teil der Wohnkultur des ausgehenden zwanzigsten Jahrhunderts ist.

Von Holešovice bis Troja

ADRESSE Pod Havránkou 22/619, Praha 7 Troja
BUS 112
ZUTRITT kein Zutritt

Emil Přikryl 1970-1975

Emil Přikryl 1970-1975

Von Ďáblice bis Hostivař

Eingangspavillon, Eingangstor und Mauer des Friedhofs

Dieses nur zum Teil realisierte Projekt ist das einzige kubistische Werk Vlastislav Hofmans in Prag, trotz der vielen Entwurfsvorschläge, die er unterbreitete, zu denen unter anderem der Umbau des Palacký-Platzes und der Wettbewerb um das Žižka-Denkmal auf dem Vítkov-Hügel zählten. Das Friedhofsprojekt sah eigentlich eine Leichenhalle, ein Krematorium, eine Trauerhalle und Büros für die Verwaltung vor, verwirklicht wurden aber lediglich zwei Eingangspavillons, eine um den ganzen Friedhof herumführende Mauer und die Hauptportale. Trotzdem ist die meisterhafte Arbeit des Architekten nicht zu verkennen. Das abgetreppte Kupferdach mit aufgesetzter Laterne, die achteckigen, bauchigen Fenster, die stabil ausgearbeiteten Metalltore und die kristallinen Formen der Umfassungsmauer zeugen von Souveränität und großem Feingefühl im Umgang mit kubistischen Formen.

Von Ďáblice bis Hostivař

ADRESSE Ďáblické hřbitovy, Ďáblická, Praha 8 Ďáblice
STRASSENBAHN 12, 17, 24
BUS 103, 136, 258
ZUTRITT geöffnet

Vlastislav Hofman 1912-1913

Vlastislav Hofman 1912-1913

Bulovka Krankenhaus, Abteilung für Dermatologie

Diese interessante Gebäudegruppe besteht aus einer niedrigen Isolierstation und der höheren dermatologischen Abteilung dahinter. Die Fassadenarchitektur der Isolierstation zeigt zwei ganz unterschiedliche Gesichter: Eines davon besteht aus den parallel zur Straße laufenden Dachbrüstungen, Balkonkanten und -geländern, das andere aus den zur Sonne und zum Fluß hin ausgerichteten Fensterfronten der einzelnen Zimmer, die in jedem Stockwerk ein sägeblattartiges Muster bilden.

Das sienafarbene, höhere Gebäude dahinter ist in drei unterschiedlich gestaltete, vertikale Abschnitte gegliedert. Im linken Teil sind oben zwei Stockwerke etwas zurückgesetzt, wobei das obere Balkone hat, die von den seitlichen Mauern eingerahmt sind. Im mittleren Abschnitt fallen ungewöhnlich geschnittene Fensterschlitze mit abgerundeten Enden auf, die der Steigung der Innentreppe folgen, wodurch die Komposition an Dynamik gewinnt. Rechts stützt sich ein Erker, dessen oberste Öffnungen mit Glasziegeln ausgemauert sind, auf zwei freistehende Säulen. Dieses meisterhafte Zusammenspiel der Gebäude wirkt von allen Seiten reizvoll und bildet trotz der so verschiedenen Teile eine Einheit.

Von Ďáblice bis Hostivař

ADRESSE zu sehen von der Bulovka, Praha 8 Libeň
STRASSENBAHN 12, 14, 24
ZUTRITT kein Zutritt

Jan Rosůlek 1935-1936

Von Ďáblice bis Hostivař

Jan Rosůlek 1935-1936

Wasserturm und Flughafen-Leuchtturm

Kbely, Prags erster Flughafen, wurde seit Oktober 1923 von der Letecký dopravní oddíl (Luftverkehrs-Division) für Flüge zwischen Prag und Bratislava (Preßburg) genutzt und seit 1924 auch von der tschechoslowakischen Luftverkehrsgesellschaft sowie der staatlichen tschechoslowakischen Fluggesellschaft angeflogen. 1928 kostete ein Flug von London nach Prag zehn Pfund Sterling und drei Shilling, dauerte über zwölf Stunden und führte über Rotterdam, Essen, Kassel und Marienbad (Mariánské Lázně). Die mutigen Fluggäste wurden darüber aufgeklärt, daß Watte verteilt werde, um sich vor dem dröhnenden Lärm der Motoren und Propeller zu schützen, und daß im Flughafenrestaurant Lunchkörbe erhältlich seien, es aber beim ersten Flug ratsamer sei, etwas Zwieback und Obst mitzunehmen. Ziemlich wenig für einen Zwölf-Stunden-Flug!

Der Leucht- und Wasserturm von Kbely ist 43 Meter hoch. Mindestens zehn weitere Türme dieser Art stehen in Prag, unter anderem der Turm in Radlice (Seite 190) und der in Michle (Seite 174). Heute wird Kbely von der tschechischen Armee als Militärflughafen genutzt, zu dem der Zutritt untersagt ist; der Turm ist allerdings von der öffentlichen Straße aus gut sichtbar.

Von Ďáblice bis Hostivař

ADRESSE Mladoboleslavská, Praha 9 Kbely
BUS 110, 185, 201, 259, 278
ZUTRITT kein Zutritt

Otakar Novotný 1924

Von Ďáblice bis Hostivař

Otakar Novotný 1924

Villa Hain

Dieses kleine Gebäude, gebaut für einen Flugzeugingenieur, ist ein weiteres Meisterwerk von Ladislav Žák. Von der Anhöhe, auf der es steht, konnte man die Kbely-Ebene überblicken, wo sich einst Prags wichtigster Flughafen befand.

Die Form des Hauses mit seiner Sonnenterrasse erinnert an einen Flugzeugrumpf; auf Wunsch des Eigentümers entstand ein Aussichtspodest auf dem Dach. Früher konnte man die Terrasse im ersten Stock mit Markisen schließen, die sich hinter einem auskragenden Rahmen verstecken ließen, wenn sie nicht gebraucht wurden. Die Konstruktion besteht aus Stahlbeton und war ursprünglich hellbeige gespritzt. Die Fensterrahmen bestanden aus metallummanteltem Holz.

Leider wurde die Halterung der Terrassenmarkisen entfernt, und die Villa ist so dicht von alten Bäumen umstanden, daß der Betrachter die ungewöhnliche Form nur schwerlich in ihrem vollen Ausmaß erkennen kann. Der Blick von der Aussichtsplattform wird heute durch angrenzende Villen geschmälert.

ADRESSE Na vysočanských vinicích 31/404,
Praha 9 Vysočany
METRO Linie B bis Českomoravská
STRASSENBAHN 8, 19
BUS 151, 181
ZUTRITT kein Zutritt

Ladislav Žák 1932-1933

Ladislav Žák 1932-1933

Grund- und Oberschule

Eine vollendete Gruppe weißer Gebäude mit runden Fenstern und Fensterbändern, entworfen von Vladimír Frýda, einem Architekten, der sich in erster Linie mit Schulprojekten befaßte. Der größere Gebäudeblock der Oberschule beherbergt eine weitläufige Eingangshalle, von der aus die Haupttreppe alle Stockwerke und somit alle Klassenräume erschließt. Dieser während der Unterrichtsstunden ruhige Raum füllt sich in den Pausen mit Leben, wenn sich die Schüler in dieser einzigen Kreuzungszone begegnen, durch die alle Wege führen.

Im niedrigeren Gebäude im Osten sind eine Kantine und die Grundschule untergebracht. Der Schulkomplex liegt am Rand eines Parks, der den morgendlichen Weg zur Schule und den Heimweg am Ende des Tages zu einem angenehmen und entspannenden Erlebnis werden läßt.

ADRESSE Špitalská 2/700, 789, Praha 9 Vysočany
METRO Linie B bis Českomoravská
STRASSENBAHN 8, 19
ZUTRITT kein Zutritt

Vladimír Frýda 1927-1937

Vladimír Frýda 1927-1937

Villa Kotěra

Eine bedeutende Villa, entworfen in der kurzen Zeit zwischen dem Ende der Sezession und dem Beginn des Kubismus im rationalen, modernistischen Stil. Erkennbar wird dieser Ansatz darin, daß die Gliederung der Innenräume von außen deutlich nachvollziehbar ist, und an der Verwendung von Backsteinen und Außenputz beim Außenausbau.

Hier, in Jan Kotěras eigener Villa, sind zwar Eingangsbereich, Haupttreppe und Wohnbereiche als unabhängige Elemente definiert, werden aber zu einer einfachen, wirkungsvollen und asymmetrischen Komposition zusammengefaßt. Dekorative Elemente sind auf ein Minimum reduziert – alles, was zur Definition der architektonischen Komposition notwendig ist, liefern die Formen, Baukörper und Werkstoffe.

ADRESSE Hradešínská 6/1542,
Praha 10 Vinohrady
METRO Linie A bis Jiřího z Poděbrad
STRASSENBAHN 4, 16, 22
ZUTRITT kein Zutritt

Jan Kotěra 1908-1909

Kirche der Hussitischen Gemeinde und Wohnhaus

Das Ensemble umfaßt zwei zusammengehörige Gebäude: ein Wohnhaus und daneben eine protestantische Kirche mit einem freistehenden, hohen und eckigen Kirchturm. Bis etwa auf halbe Höhe führt eine Wendeltreppe den Turm hinauf, der von einem Kelch, dem Symbol der tschechischen religiösen Reformbewegung, gekrönt wird, der aus Kupfer ist. Wie ein gigantischer Korkenzieher wirkt die Treppe, die dem Turm durch ihre Dynamik eine noch stärkere Vertikalausrichtung verleiht. Kirche und Wohnhaus sind von außen verputzt und werden zusätzlich durch grobe Natursteinplatten aufgewertet, die das Erdgeschoß teilweise umschließen. Eine der Platten nahe dem Fuß des Turms ragt überraschenderweise aus der glatten Kirchenfassade heraus.

ADRESSE Dykova 1/51, Praha 10 Vinohrady
METRO Linie A bis Jiřího z Poděbrad
STRASSENBAHN 16
ZUTRITT kein Zutritt

Pavel Janák 1931-1933

Von Ďáblice bis Hostivař

Pavel Janák 1931-1933

Erweiterung der Pragobanka

Hier handelt es sich um ein neues Projekt des avantgardistischen Architektenkollektivs, das in den sechziger und siebziger Jahren von Karel Hubáček geleitet wurde, in dessen Studio viele der heute führenden Architekten gelernt haben. Nach Hubáčeks Pensionierung 1989 übernahm Jiří Suchomel die Leitung von SIAL. Der Erweiterungsentwurf der Pragobanka macht deutlich, daß bei SIAL auch heute noch ein frischer Wind weht und es noch immer eine der talentiertesten Architektengemeinschaften des Landes ist.

Das bereits existierende Verwaltungsgebäude der Bank bleibt erhalten und soll durch ein hohes Glasdach, das über einen Hof im Eingangsbereich gezogen wird, mit dem Erweiterungsbau verbunden werden. Der neue Gebäudeteil beginnt mit der abgerundeten Ecke auf der Kreuzung der Vinohradská mit der Starostrašnická. Der südliche Block zieht aufgrund seiner welligen Form die Passanten an, die so auf die Einrichtungen der Bank aufmerksam werden. Die Gebäude sind mit Stein, Glas und Aluminium verkleidet. Der Entwurf zeigt Elemente des High-Tech-Stils, doch es ist auch ein Anflug von Dekonstruktivismus zu erkennen; und gewiß hat er mehr zu bieten und ist wesentlich progressiver als das Fieber der Postmoderne zu Anfang der neunziger Jahre, dem offensichtlich die meisten anderen tschechischen Architekten zum Opfer fielen.

ADRESSE Vinohradská 230, Praha 10 Strašnice
METRO Linie A bis Strašnická
STRASSENBAHN 7, 11, 19, 26
ZUTRITT Räumlichkeiten der Bank zugänglich

SIAL: Radim Kousal, Petr Kincl und Mitarbeiter 1993-1995

Von Ďáblice bis Hostivař

SIAL: Radim Kousal, Petr Kincl und Mitarbeiter 1993-1995

St.-Wenzels-Kirche in Vršovice

Die große Kirche wurde in einen steil abfallenden, begrünten Platz des Prager Vororts Vršovice hineingebaut. Der hohe Uhrenturm der Kirche erhebt sich aus der Mitte des breiten Eingangsbereichs, teilt diesen in zwei Hälften und zieht die Aufmerksamkeit der Gläubigen unmittelbar auf sich. Das Flachdach des gewaltigen, doch schlichten Mittelschiffs folgt in Abstufungen dem Gefälle des Hangs.

Tageslicht fällt durch die zwischen den abgetreppten Ebenen des Dachs eingebauten Oberlichter auf den Altar. Das Schiff läuft rund aus, und die acht hohen, vertikalen Chorfenster lassen zusätzliches Licht in die Mitte der Kirche einfallen. Die Glasgemälde mit Motiven des heiligen Wenzels stammen von dem Bildhauer und Designer Josef Kaplický (1899-1962); auf dem Altar steht ein großes Kreuz von Čeněk Vosmík.

Von Ďáblice bis Ilostivař

ADRESSE Náměstí Svatopluka Čecha, Praha 10 Vršovice
STRASSENBAHN 4, 6, 7, 22, 24
ZUTRITT geöffnet während der Gottesdienste

Josef Gočár 1928-1933

Von Ďáblice bis Hostivař

Josef Gočár 1928-1933

Bäckerei

Dies ist ein Beispiel für Prager Industriearchitektur. Das Gebäude wurde zwar nach dem Ersten Weltkrieg gebaut, mit seinem Entwurf lehnte sich Bohumil Hypšman allerdings an Kotěras Modernismus an, der im ersten Jahrzehnt des Jahrhunderts entwickelt wurde. Hypšman war Traditionalist und nahm von anderen eifrig aufgegriffene neue Strömungen nur allmählich an.

Zu dem Komplex gehören eine Fabrik, Verwaltungsgebäude und ein ungewöhnlich gestalteter Silo. Die dekorativen Motive ziehen sich durch alle Gebäude, sind allerdings bei dem Silo am auffälligsten; die runden Formen des Behälters gehen oben in einen eckigen Baukörper über, der durch geometrische Formen wie Quadrate und runde Fenster belebt wird.

ADRESSE U továren 27/261, Praha 10 Hostivař
ZUG bis Praha Hostivař
STRASSENBAHN 22, 26
BUS 101, 111, 122, 240
ZUTRITT kein Zutritt

Bohumil Hypšman 1919-1922

Von Ďáblice bis Hostivař

Bohumil Hypšman 1919-1922

Anhang

Biografien

Adolf Beneš
18. Mai 1894, Pardubice – 9. März 1982, Prag
Architekt, Abschluß an der České vysoké učení technické (Tschechische Technische Universität) und an der Akademie výtvarných umění (Akademie der bildenden Künste) in Prag. Redakteur des *Stavitel*-Magazins, arbeitete für Josef Gočár und gründete später sein eigenes Büro. Mitglied der tschechoslowakischen Gruppe von CIAM (Congrès Internationaux d'Architecture Moderne). Von 1945 bis 1968 Professor an der Kunstgewerbeschule in Prag.

Matěj Blecha
16. Juli 1861, Štířary – 18. Dezember 1919, Prag
Bauunternehmer und Architekt, Inhaber eines Prager Bauunternehmens. Studierte an den technischen Hochschulen in Prag und Wien und an der Wiener Akademie der bildenden Künste. Er beschäftigte in seinem Planungsbüro eine Reihe bedeutender Architekten and Künstler, wie Emil Králíček, Oldřich Tyl oder den Bildhauer Čelda Klouček. Blecha führte alleine und in Zusammenarbeit verschiedene wichtige sezessionistische und kubistische Bauprojekte aus.

Josef Chochol
13. Dezember 1880, Písek – 6. Juli 1956, Prag
Architekt, Schüler von Professor Schulz an der Tschechischen Technischen Universität und von Otto Wagner an der Wiener Akademie der bildenden Künste. Mitglied von Skupina výtvarných umělců, Mánes und Devětsil. Chochol war einer der bedeutendsten kubistischen Architekten und schuf viele schöne Beispiele kubistischer Architektur im Prager Stadtteil Vyšehrad. Er wurde recht bald durch Purismus und Funktionalismus beeinflußt, was besonders an nicht umgesetzten Projekten auffällt, so beispielsweise an dem bemerkenswerten Vorschlag, den er 1927 für das Osvobozené divadlo (Theater der Befreiung) unterbreitete.

Jaroslav Fragner
25. Dezember 1898, Prag – 3. Januar 1967, Prag
Architekt, studierte an der Tschechischen Technischen Universität in Prag, schloß sein Studium aber nicht ab. 1922 gründete er ein eigenes Architekturbüro in Prag. Eines der ersten Mitglieder von Devětsil, die sich dem internationalen Funktionalismus zuwandten.

Jan Gillar
24. Juni 1904, Příbor – 7. Mai 1967, Prag
Architekt, Abschluß an der Tschechischen Technischen Universität in Prag. Arbeitete für das Bauunternehmen Záruba & Pfefferman, Mitglied von Devětsil. 1931 gründete Gillar in Prag ein eigenes Architekturbüro, nachdem er den Wettbewerb für das Projekt der Französischen Schulen gewonnen hatte.

Josef Gočár
13. Mai 1880, Semín u Pardubic – 10. September 1945, Jičín
Architekt, Stadtplaner und Lehrer, studierte an der Gewerbefachschule und war später Schüler von Jan Kotěra an der Kunstgewerbeschule. Nach seinem Studium fing er in Kotěras Atelier an. Mitglied von Skupina výtvarných umělců, später auch von Mánes. Hauptfigur des tschechischen rationalen Modernismus, Kubismus und Funktionalismus.

Josef Havlíček
5. Mai 1899, Prag – 30. Dezember 1961, Prag
Architekt, studierte an der Technischen Universität in Prag und der Akademie der bildenden Künste bei Professor Josef Gočár. Mitglied von Devětsil, Levá fronta und ab 1929 von CIAM. Außergewöhnlicher, funktionalistischer Architekt, der zwischen 1928 und 1936 bei mehreren wichtigen Projekten mit Honzík zusammenarbeitete.

Vlastislav Hofman
6. Februar 1884, Jičín – 28. August 1964, Prag
Architekt, Maler, Möbeldesigner und Bühnenbildner, Studium an der Tschechischen Technischen Universität, Mitglied von Artěl, Mánes und Skupina výtvarných umělcü. Hofman gewann 1925 eine Goldmedaille auf der Pariser Kunstgewerbeausstellung sowie die großen Preise der Kunst- und Technik-Ausstellung in Paris (1937) und der Mailänder Triennale (1940). Ein bedeutender Vertreter des Kubismus in der tschechischen Architektur. Die meisten seiner Projektentwürfe für Prag wurden nicht umgesetzt.

Karel Honzík
24. September 1900, Le Croisic – 4. Februar 1966, Prag
Architekt, Möbeldesigner, Graphikkünstler und Schriftsteller. Honzík absolvierte die Tschechische Technische Universität und schloß sich der Devětsil-Bewegung an. 1928 gründete er zusammen mit Josef Havlíček ein Büro. Honzík war ein Anhänger des internationalen Funktionalismus und vertrat die Meinung, daß künstlerische Ansätze den praktischen Wert der Architektur noch erhöhten. Autor von *Tvorba životního stylu* (1949) und *Ze života avantgardy* (1963).

Karel Hubáček
23. Februar 1924, Prag
Architekt und Lehrer, Abschluß an der Tschechischen Technischen Universität in Prag; begann 1949 für Stavoprojekt in Liberec zu arbeiten. Initiierte 1958 innerhalb von Stavoprojekt das Studio 2 SIAL und wurde dessen Leiter; 1969 erhielt er in Buenos Aires vom argentinischen Unternehmerverband UIA den Auguste-Perret-Preis. Hubáček ist ein Vertreter der modernen tschechischen Architektur des High-Tech und Futurismus. Weitere Mitglieder des Studio 2 SIAL waren unter anderem Miroslav Masák, Martin Rajniš, John Eisler, Emil Přikryl und Jiří Suchomel.

Pavel Janák
12. März 1882, Prag – 1. August 1956, Prag
Architekt, Möbeldesigner, Städteplaner, Theoretiker, studierte an der Tschechischen Technischen Universität in Prag bei Professor Josef Schulz und an der Wiener Akademie der bildenden Künste bei Otto Wagner. Von 1908 bis 1909 arbeitete Janák für Jan Kotěra. Mitglied von Mánes und Skupina výtvarných umělců, Redakteur des Kunstmagazins *Výtvarná práce*, Professor an der Kunstgewerbeschule von 1921 bis 1942. In der Nachfolge Jože Plečniks seit 1936 leitender Architekt an der Prager Burg. Einer der Pioniere der tschechischen kubistischen und funktionalistischen Architektur.

Jan Kaplický
18. April 1937, Prag
Architekt, studierte an der Kunstgewerbeschule und arbeitete für das staatliche Planungsbüro sowie an privaten Projekten. 1968 verließ er Prag, um sich in Großbritannien niederzulassen. Nachdem er bei Denys Lasdun, Piano & Rogers und Foster Associates Erfahrungen gesammelt hatte, gründete er 1979 zusammen mit David Nixon das einflußreiche Avantgarde-Büro Future Systems. Kaplický nahm an zahlreichen internationalen Wettbewerben teil. Vor einiger Zeit erhielt er zusammen mit seiner Partnerin Amanda Levete die Möglichkeit, einige seiner Entwürfe zu realisieren.

Jan Kotěra
18. Dezember 1871, Brno (Brünn) – 17. April 1923, Prag
Architekt, Maler, Lehrer, Mitbegründer der modernen tschechischen Architektur. Abschlüsse an der deutschen Gewerbefachschule in Plzeň (Pilsen) und der Wiener Akademie der bildenden Künste bei Professor Otto Wagner. Erhielt 1897 den Rom-Preis und war Mitglied des Künstlerverbandes Mánes. Seine Schaffen als Architekt

wurde durch Reisen in die USA, Holland und Großbritannien geprägt. Er lehrte an der Kunstgewerbeschule und der Akademie der bildenden Künste in Prag und gilt als äußerst einflußreicher Lehrer der nachfolgenden Generation tschechischer Architekten.

Emil Králíček
1877, Německý Brod – 1930, Prag
Architekt, studierte an der Prager Gewerbefachschule und nahm zusätzlich Privatunterricht bei Antonín Balšánek in Prag und bei Josef Maria Olbrich in Darmstadt. Tätig für verschiedene Bauunternehmer in Prag, hauptsächlich im Planungsbüro von Matěj Blecha. Králíček war einer der ersten Architekten, der kubistische Formen verwendete.

Jaromír Krejcar
25. Juli 1895, Hundsheim – 5. Oktober 1949, London
Architekt, Möbeldesigner, Graphikkünstler, Theoretiker, Lehrer und Redakteur. Studierte an der Prager Akademie der bildenden Künste bei Professor Jan Kotěra und war einer der maßgeblichen Vertreter der Bauhaus-Bewegung in der Tschechoslowakei. Krejcar heiratete Milena Jesenská, die frühere Freundin von Franz Kafka. Als aktives Devětsil-Mitglied war er ein engagierter Verfechter des Purismus und Funktionalismus. Ab 1948 Lehrtätigkeit an der Architectural Association School in London.

Ludvík Kysela
25. April 1883, Kouřim – 10. Februar 1960, Prag
Architekt und Städteplaner. Studium an der Tschechischen Technischen Universität. Viele der besten Prager Geschäftsbauten im Stil des tschechischen Funktionalismus stammen von ihm.

Evžen Linhart
20. März 1898, Kouřim – 29. Dezember 1949, Prag
Architekt, Möbeldesigner und Maler, studierte an der Tschechischen Technischen Universität in Prag und war Mitglied von Mánes und Devětsil. Ein talentierter Architekt und Vertreter des Purismus und Funktionalismus. Linharts Arbeit war stark von Le Corbusiers Werk geprägt.

Adolf Loos
10. Februar 1870, Brno (Brünn) – 22. August 1933, Wien
Architekt, Möbeldesigner und Theoretiker. Loos studierte an der Technischen Universität in Dresden. Zwischen 1893 und 1896 bereiste er die USA und ließ sich nach seiner Rückkehr in Wien nieder. 1908 veröffentlichte Loos seinen bedeutenden Essay *Ornament und Verbrechen* und gründete später seine eigene Architektenschule. Äußerst einflußreicher Begründer der Idee des dreidimensionalen „Raumplans" und der rationalen modernen Architektur. Eine seiner schönsten Arbeiten ist die Villa Müller in Prag.

Otakar Novotný
11. Januar 1880, Benešov – 4. April 1959, Prag
Architekt und Schriftsteller, studierte an der Kunstgewerbeschule bei Professor Jan Kotěra und arbeitete später in dessen Studio. Mitglied von Mánes und Professor an der Kunstgewerbeschule. Ursprünglich beeinflußt von dem holländischen Architekten Hendrik P. Berlage, wurde Novotný später zu einem bedeutenden Repräsentanten des tschechischen rationalen Modernismus, Kubismus und Funktionalismus. 1958 veröffentlichte er *Jan Kotěra a jeho doba*.

Jože (Josip) Plečnik
23. Januar 1872 Ljubljana (Laibach) – 6. Januar 1957 Ljubljana
Slowenischer Architekt, Möbeldesigner und Städteplaner, studierte in Graz an der technischen Fachakademie und zusammen mit Jan Kotěra bei Otto Wagner an der Wiener Akademie der bildenden Künste. 1898 gewann er den Rom-Preis. Plečnik baute in Wien und wurde 1911 von Kotěra nach Prag eingeladen, um dort an der Kunstgewerbeschule zu lehren. 1921 übernahm er einen Lehrauftrag an der Universität von Ljubljana. 1920 erhielt Plečnik vom tschechoslowakischen Präsidenten Tomáš G. Masaryk den Auftrag, die Prager Burg umzugestalten. Diese Arbeit beschäftigte ihn bis 1934. Sein zweites wichtiges Projekt in Prag ist die Herz-Jesu-Kirche.

Osvald Polívka
24. Mai 1859, Enns – 30. April 1931, Prag
Architekt, studierte an der Tschechischen Technischen Universität. Er arbeitete als Assistent des Architekten Josef Zítek, der das Prager Nationaltheater entwarf. Polívka schuf eine Reihe wichtiger Gebäude in Prag im Stil des Sezessionismus.

Eugene Rosenberg
24. Februar 1907, Topolčianky – 21. November 1990, London
Architekt, studierte Bauingenieurwesen in Bratislava (Preßburg), Brno (Brünn) und Prag sowie Architektur an der Prager Akademie der bildenden Künste. Rosenberg arbeitete für Le Corbusier sowie für Havlíček und Honzík. Später eröffnete er ein eigenes Büro, in dem er viele wichtige funktionalistische Bauten entwarf. Seit 1939 lebte Rosenberg in Großbritannien, wo er auf F. R. S. Yorke und den Finnen Cyril Mardall (Sjöström) traf. 1944 gründeten sie in London das Architekturbüro Yorke Rosenberg and Mardall.

Kamil Roškot
29. April 1882, Vlašim – 12. Juli 1945, Paris
Architekt und Maler, studierte an der deutschen Universität, der Tschechischen Technischen Universität und der Akademie der bildenden Künste in Prag und war Mitglied von Mánes. 1922 eröffnete er ein eigenes Büro in Prag. 1927 wurde Roškot in Mailand für seinen tschechoslowakischen Pavillon mit der Goldmedaille ausgezeichnet. Ein klassischer Modernist und einflußreicher Architekt.

Otto Rothmayer
28. Februar 1892, Prag – 24. September 1966, Prag
Zimmermann und Architekt. Studierte an der Kunstgewerbeschule bei Jože Plečnik. Später arbeitete er mit Plečnik an der Prager Burg, setzte dessen Werk fort (1921-1956) und arbeitete erneut mit ihm an der Herz-Jesu-Kirche zusammen.

Pavel Smetana
25. Februar 1900, Zákupy – 8. Juni 1986, Prag
Architekt, Möbeldesigner und Theoretiker. Abschluß an der Prager Gewerbefachschule und der Akademie der bildenden Künste in Prag, wo er bei den Professoren Pavel Janák und Josef Gočár studierte. Mitglied von Devětsil. Smetana verwendete ungewöhnliche plastische und bildhauerische Formen für sein architektonisches Werk.

Oldřich Starý
15. März 1884, Prag – 3. November 1971, Prag
Architekt, Schriftsteller und Professor an der Gewerbefachschule in Prag. Redakteur bei den Magazinen *Stavba* und *Architektura ČSR*.

Rudolf Stockar
28. Mai 1886, Doloplazy na Moravě – 19. Dezember 1957, Prag
Architekt, Möbeldesigner und Designer für angewandte Kunst mit Abschluß an der Tschechischen Technischen Universität in Prag. Leiter von Artěl. Kubistischer, puristischer und funktionalistischer Architekt.

Oldřich Tyl
12. April 1884, Ejpovice – 4. April 1939, Prag
Architekt, studierte an der Tschechischen Technischen Universität in Prag und begann seine Arbeit in Matěj Blechas Planungsbüro. 1913 gründete Tyl ein eigenes Büro und später die Tekta Architekten- und Bauunternehmerkooperative. Entwarf verschiedene bahnbrechende Projekte der funktionalistischen Architektur.

František Zelenka
8. Juni 1904, Kutná Hora – 19. Oktober 1943, Auschwitz
Architekt, Innenarchitekt, Bühnenbildner und Graphikdesigner, studierte an der Tschechischen Technischen Universität in Prag und war Mitglied von Devětsil. Sein wichtigster Aufgabenbereich waren Bühnenbilder für Theaterproduktionen, wozu auch eine fruchtbare Zusammenarbeit mit Dramatikern und Schauspielern wie Jiří Voskovec und Jan Werich am avantgardistischen Osvobozené divadlo (Theater der Befreiung) zählte. Insbesondere seine Plakate für die Aero-Automobilwerke und für Theaterinszenierungen übten seinerzeit einen großen Einfluß aus.

Ladislav Žák
25. Juni 1900, Prag – 26. Mai 1973, Prag
Architekt und Möbeldesigner mit Abschluß an der Prager Akademie der bildenden Künste. 1930 Gründung eines eigenen Büros in Prag. Žák schuf einige der schönsten Beispiele moderner Prager Villen.

Devětsil
Avantgardistische Künstlergruppe, zu der sowohl Architekten wie auch Maler, Fotografen, Schriftsteller und Dichter zählten, initiiert vom Schriftsteller und Maler Karel Teige 1920 als Plattform für den funktionalistischen Modernismus. Die Arbeit der Gruppe prägte alle tschechischen künstlerischen und literarischen Ausdrucksformen. 1931 löste sich Devětsil auf.

Mánes – Spolek výtvarných umělců (Mánes – Verband bildender Künstler)
Dieser Künstlerverband wurde 1887 mit dem Ziel gegründet, die jüngsten Entwicklungen der europäischen Kunst zu untersuchen und zu diskutieren. Der Verband publizierte die Zeitschrift Volné směry und organisierte Ausstellungen. Benannt hatte sich die Gruppe nach Josef Mánes (1820-1871), einem Pionier der nationaltschechischen Malerei.

Skupina výtvarných umělců (Gruppe bildender Künstler)
Diese Gruppe aus Malern, Architekten, Bildhauern und Schriftstellern förderte aktiv den kubistischen Stil zwischen 1911 und 1914. Sie veröffentlichte eine eigene Zeitschrift, Umělecký měsíčník.

Prag – Ein Führer zur Architektur des 20. Jahrhunderte